中南财经政法大学出版基金资助出版

中南财经政法大学
青 年 学 术 文 库

期望分位数的
半参数建模、估计与应用

田丁石　著

WUHAN UNIVERSITY PRESS
武汉大学出版社

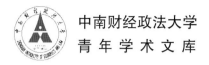

图书在版编目(CIP)数据

期望分位数的半参数建模、估计与应用/田丁石著.—武汉：武汉大学出版社,2023.3
中南财经政法大学青年学术文库
ISBN 978-7-307-23563-2

Ⅰ.期…　Ⅱ.田…　Ⅲ.金融投资—投资风险—风险管理—研究
Ⅳ.F830.593

中国国家版本馆 CIP 数据核字(2023)第 015689 号

责任编辑:胡　艳　　责任校对:汪欣怡　　版式设计:马　佳

出版发行：**武汉大学出版社**　(430072　武昌　珞珈山)
(电子邮箱：cbs22@ whu.edu.cn　网址：www.wdp. com.cn)
印刷:湖北金海印务有限公司
开本:720×1000　1/16　印张:9　字数:134 千字　插页:4
版次:2023 年 3 月第 1 版　　2023 年 3 月第 1 次印刷
ISBN 978-7-307-23563-2　　定价:56.00 元

前　言

自2007年美国次贷危机以后,系统性风险已成为各国金融监管部门关注的重点。近年来,我国无论是在股票市场、债券市场还是大宗商品市场,资产价格泡沫频频出现,引发了监管层的高度关注。党的十九大报告强调,健全金融监管体系,守住不发生系统性金融风险的底线。在2017年的第五次全国金融工作会议上,习近平同志指出,防止发生系统性金融风险是金融工作的永恒主题。要把主动防范化解系统性金融风险放在更加重要的位置,科学防范,早识别、早预警、早发现、早处置,着力防范化解重点领域风险,着力完善金融安全防线和风险应急处置机制。

系统性金融风险的识别和预警问题,一直是风险管理部门和学术界研究的核心,而关于风险测度指标的选择和估计方法的研究则是重中之重。如果市场中隐藏的风险不能得到合理估计,即当风险测度指标过高或过低地估计实际的市场风险时,就会导致金融机构维持较高或较低的准备金水平。在极端情况下,这可能会引起系统参与者恐慌性出逃,进而招致更大的风险。因此,即便在复杂的环境下,一个好的风险测度指标也应具备准确反映风险本质的能力。同时,由于金融世界瞬息万变,风险测度必须能对新信息和其他预测变量产生及时的反应。

众所周知,在险价值(value-at-risk,VaR)和预期损失(expected shortfall,ES)是学界和业界最为常用的风险测度指标。然而,这两个指标却分别存在各自的问题。首先,VaR不具有次可加性,因而它不是一个一致性风险测度。更重要的,VaR关注的是尾部极端值发生的频率,但对它的量级不敏感。这个缺点更为致命,对极端值的忽视会极大低估实际的风险水平,进而可能让小风险演化成大风险。其次,ES 由于不具备可导出性(elicitability),即不存在一个一致性得分函数,用以比较不同 ES 模型的预测效果,因而无法直接对 ES 模型进行回测。正是因为 VaR 和 ES 存在这些问题,一种同时具备一致性和可导出性的风险测度指标——期望分位数(expectile),被广泛应用到金融市场系统性风险测度与建模的研究之中。

本书旨在介绍期望分位数的半参数和非参数建模方法,主要包括以下三种模型:一是部分变系数条件期望分位数模型;二是线性条件自回归期望分位数(linear conditional autoregressive expectile, LCARE)模型;三是变系数条件自回归期望分位数模型。本书将三种模型用于度量金融市场中的系统性风险,并通过实证研究分析我国和全球主要股票市场中的系统性风险。同时,本书还将介绍一种期望分位数的动态检验方法,可为期望分位数模型的样本内的拟合效果提供评估依据,同时也能用于比较不同期望分位数模型的预测能力。这些研究将有助于解决并回答一系列问题:股票的收益率序列的尾部风险是否与波动率类似,也存在聚集效应?中国股票市场系统性风险处在什么水平?它的持续性是否高于其他国家的股票市场?在金融危机时期及其前后阶段,股票市场系统性风险的持续性分别处于何种水平?它是否可以作为金融系统性风险的预警指标?对于现有的期望分位数模型,哪一个具有最强的拟合和预测能力?关于以上问题的研究和解决,对于我国金融监管部门、投资者及学者都具有很高的参考价值。

作者

2023 年 2 月

目　　录

第 1 章　导论 …… 1
1.1　研究背景及意义 …… 1
1.2　研究问题及内在联系 …… 5
1.2.1　研究问题 …… 6
1.2.2　内在联系 …… 6
1.3　本书结构 …… 7

第 2 章　文献综述 …… 8
2.1　VaR 及 ES 模型简介 …… 8
2.1.1　参数模型 …… 8
2.1.2　非参数模型 …… 13
2.2　期望分位数模型 …… 22
2.2.1　参数模型 …… 22
2.2.2　非参数模型 …… 24

第 3 章　期望分位数及其性质 …… 26
3.1　引言 …… 26
3.2　期望分位数、分位数 …… 27
3.3　基于期望分位数的风险测度 …… 30
3.4　拟最大似然函数 …… 32

3.5　本章小结 …… 35
3.6　附录 …… 35

第 4 章　部分变系数条件期望分位数模型 …… 38
4.1　引言 …… 38
4.2　模型框架 …… 40
4.2.1　模型设定 …… 40
4.2.2　估计方法 …… 41
4.2.3　渐近理论 …… 43
4.2.4　假设检验 …… 47
4.3　蒙特卡洛模拟 …… 49
4.4　实证研究 …… 54
4.5　本章小结 …… 61
4.6　附录 …… 61
4.6.1　定理证明 …… 61
4.6.2　技术引理证明 …… 65

第 5 章　线性条件自回归期望分位数模型 …… 80
5.1　引言 …… 80
5.2　模型框架 …… 82
5.2.1　模型设定 …… 82
5.2.2　估计方法 …… 83
5.2.3　渐近理论 …… 85
5.2.4　使用 LCARE 估计 VaR 和 ES …… 87
5.3　蒙特卡洛模拟 …… 89
5.4　实证研究 …… 93
5.5　本章小结 …… 97
5.6　附录 …… 98

5.6.1 定理证明 …… 98
5.6.2 技术引理证明 …… 103

第6章 变系数条件自回归期望分位数模型 …… 106
6.1 引言 …… 106
6.2 模型框架 …… 107
6.2.1 模型设定及估计 …… 108
6.2.2 渐近性质 …… 110
6.3 蒙特卡洛模拟 …… 112
6.4 本章小结 …… 114
6.5 附录 …… 114
6.5.1 标号与定义 …… 114
6.5.2 定理证明 …… 115
6.5.3 技术引理证明 …… 117

第7章 结论 …… 121

参考文献 …… 124

后记 …… 135

第 1 章
导　论

1.1　研究背景及意义

在金融企业中，尤其是在银行、保险公司和基金投资公司等金融机构中，风险管理一直以来都扮演着极为重要的角色。风险管理的核心在于测度风险的技术。因此，从事风险研究的专家学者一直都在寻找一种“好”的风险测度指标。1952 年，Markowitz 提出将收益与损失分布的方差作为衡量风险的指标，方差(标准差)一度成为学界和业界的标杆。然而，使用这一指标所隐含的一个假设是，计算该指标的风险函数只能是一个拥有有限方差的随机变量。可能更重要的是，假设同时要求该随机变量所对应的分布必须是渐近对称的，这就说明大的收益和大的损失对于风险的计算同等重要。这个假设违背了经济学常识，因为对于投资者而言，他们显然更担心投资中的损失。正是由于方差(标准差)的这些缺点，其他的风险测度指标不断涌现。

金融市场上存在着不同种类的风险，随着这个事实被越来越多的金融和管理机构认知和接受，金融风险的度量方法也越来越精细。1996 年，巴塞尔银行监督委员会提出将系统性风险作为信用风险的补充，并强制要求采用 VaR 作为它的风险测度指标。τ 概率水平下VaR_τ的数学定义如下：

定义 1.1　给定一个概率水平 τ，一个随机变量R_t的 VaR 被定义为R_t的 τ- 分位数的负值，其数学表达式为：

$$\mathrm{VaR}_\tau(R_t) = -q_\tau(R_t) = -\inf\{r \mid P(R_t \leqslant r) \geqslant \tau\}.$$

VaR 自问世以后，已成为风险管理界最为炙手可热的工具。关于 VaR 的早期研究有 Morgan(1996)，Jorion(1997)，Duffie and Pan(1997)等。其中，Morgan(1996)首先提出了风险矩阵(RiskMetrics,RM)方法，它在将 VaR 推广成最为流行的风险管理工具的过程中起到了关键的作用。然而，自问世时起，VaR 的使用就一直充满着争议。一个主要的批评观点是，如果我们将 VaR 作为风险测度指标，那么分散投资并不能有效地减低风险。而金融学的基本原理之一就是人们应该通过分散投资降低风险。关于 VaR 另一个更为致命的缺点是，由于其对尾部损失量级的不敏感，使用它可能会导致更大程度的损失。我们可以用一个简单的实例来说明这个问题。假设存在 A 和 B 两个金融资产，其离散收益率如表 1.1 所示。表中的 A 资产收益的概率分布对应图 1.1 中的蓝色圆点，而 B 资产收益的概率分布是在 A 资产的基础上将其最左极端值 $R_A=-10$ 平移至 $R_A=-15$ 所得。由此可知，A 资产和 B 资产收益的尾部结构有很大的不同，A 资产的风险远小于 B 资产的风险。然而，当报告资产的风险时，我们发现这两个资产在概率水平为 5%、10%和 25%的 VaR 相同。也就是说，由于 VaR 的计算方式，它对尾部极端值不敏感。

表 1.1　金融资产 A 和 B 收益的离散概率分布表

收益	−15	−10	−5	−3	−1	0	1	3	5	10
A	0	0.025	0.05	0.1	0.2	0.25	0.2	0.1	0.05	0.025
B	0.025	0	0.05	0.1	0.2	0.25	0.2	0.1	0.05	0.025

这些关于 VaR 的学界和业界的批评，使得风险测度的评价问题越来越重要。一个好的风险测度指标应该具备哪些性质？对于这个问题的研究极大地促进了风险管理乃至金融学的发展。在 Artzner et al.(1999)的开山之作中，将一个好的风险测度指标必须具备的性质公式化为一系列的定义。

定义 1.2[Artzner et al(1999)]　假设 $\mathcal{G}$ 为实值随机变量(通常为损失变

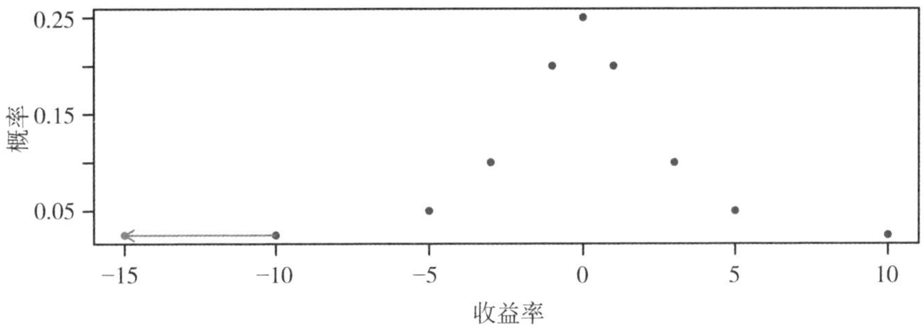

图 1.1 金融资产 A 和 B 收益的概率分布图①

量)的集合。一个得分函数$\rho(\cdot):\mathcal{G}\to\mathcal{R}$被称为一致性风险测度，它存在以下性质：

(1) 平移不变性：存在 $Y\in\mathcal{G}$，$c_0\in\mathcal{R}$，则有$\rho(Y+c_0)=\rho(Y)-c_0$；

(2) 次可加性：存在 $Y_1,Y_2\in\mathcal{G}$，则有$\rho(Y_1+Y_2)\leqslant\rho(Y_1)+\rho(Y_2)$；

(3) 正齐次性：存在 $\lambda\geqslant 0$，$Y\in\mathcal{G}$，则有$\rho(\lambda Y)=\lambda\rho(Y)$；

(4) 单调性：存在 $Y_1,Y_2\in\mathcal{G}$ 且有 $Y_1\leqslant Y_2$，那么$\rho(Y_1)\geqslant\rho(Y_2)$。

如果一个风险指标具有平移不变性，当我们在投资头寸中增加数量为c_0的无风险资产时，所得到的投资组合风险将减少 c_0。次可加性与我们熟知的分散投资原则相关，它隐含的意义是，两个子投资组合的风险之和大于由它们组成的投资组合的风险。当我们保持投资组合中各个股票的比例不变，并将头寸提高λ倍时，如果风险也同时增长λ倍，那么我们称该风险指标具有正齐次性。单调性说明如果一个组合的收益在任何情况下不大于另一个组合，则前者的风险不小于后者。

寻找满足这些条件的风险测度指标从此成为学界的热门。Artzner et al (1999)和 Basak and Shapiro(2001)首先提出了 ES。

定义 1.3 给定概率水平 τ，随机变量 R_t 的ES_τ 被定义为

$$\mathrm{ES}_\tau(R_t)=-E[R_t\mid R_t\leqslant-\mathrm{VaR}_\tau(R_t)].$$

ES 的提出解决了 VaR 所存在的问题，其逐渐替代 VaR，成为很多金融

① 本图彩色版见书末彩插图 1。

机构中风险管理工具的标配。值得一提的是，巴塞尔银行监督委员会推荐各大金融机构在公司内部市场风险模型中使用 ES 来取代 VaR。

除了以上提到的一致性外，回测(backtesting)和预测验证(forecast verification)也是在度量风险时值得关注的性质。由于我们一般使用历史数据对风险测度指标进行估计，那么一个好的风险测度指标必须拥有比较不同估计方法的能力。在统计决策理论中，如果一个风险测度指标拥有这样的性质，那么它就具备可导出性(elicitability)。提到可导出性，我们首先引入一致得分函数(scoring function)的概念。

定义 1.4 [Ziegel(2016)] 假设 $P \in \mathcal{P}$ 是实值损失变量 Y 的分布函数，其中 $\mathcal{P}$ 是定义在实数域 $\mathcal{R}$ 的 σ - 代数上的一个概率测度族。同时假设 $\rho(\cdot)$ 为定义在 $\mathcal{R}$ 上的实值函数。一个得分函数 $s(\cdot)$ 被认为其相对于函数 $\rho(\cdot)$ 具有一致性，当且仅当对于所有 $t \in \rho(P)$ 以及 $x \in \mathcal{R}$，满足：

$$E_P[s(t,Y)] \leqslant E_P[s(x,Y)],$$

其中，x 是一个点估计量。更进一步，如果可以通过 $E_P[s(t,Y)] = E_P[s(x,Y)]$ 推得 $x \in \rho(P)$，我们认为 $s(\cdot)$ 具有严格一致性。

然后，我们引出可导出性的概念。

定义 1.5 [Ziegel(2016)] 对于概率测度族 $\mathcal{P}$ 中的函数 $\rho(\cdot)$，如果存在一个得分函数 $s(\cdot)$ 相对 $\rho(\cdot)$ 具有一致性，那么 $\rho(\cdot)$ 就被认为具有可导出性。

遗憾的是，Gneiting(2011)证明 ES 不具有可导出性，因此它不能提供一个具有一致性的得分方程比较不同预测方法的表现。Embrechts and Hofert(2014)和 Ziegel(2016)研究了可导出性与回测和一致性的关系。考虑到回测的可行性，由 Newey and Powell(1987)首先提出的期望分位数在最近的研究中被广泛使用。

定义 1.6 给定概率水平 τ，一个随机变量 R_t 的期望分位数 $e_\tau(R_t)$ 被定义为

$$e_\tau(R_t) = \underset{r \in \mathcal{R}}{\operatorname{argmin}} E[\,|\tau - I(R_t \leqslant r)|(R_t - r)^2],$$

其中，$I(\cdot)$ 是示性函数。

我们可以通过最小化非对称随机平方和求得期望分位数的估计量，而正是由于得分函数的二次形式，期望分位数可以对数据生成过程中的极端值产生及时的反应。更重要的是，Bellini(2014)将具备正其次性和凸性的分位数族统一称为广义分位数(generalized quantile)，并证明当 $\tau \in [0.5,1]$ 时，期望分位数是广义分位数中唯一的一致性风险测度。由于期望分位数同时具有一致性和可导出性，因而被认为是 VaR 和 ES 的更好的替代。关于以上论述的具体讨论请参见 Bellini et al.(2014)，Bellini and Valeria(2015)和 Ziegel(2016)。

由于期望分位数在 $\tau \in [0.5,1]$ 时具有一致性和可导出性，那么，如果使用其测度风险，我们可以得到一个相比传统的 VaR 和 ES 来说更为完善的风险测度指标。更为有趣的是，Newey and Powell(1987)和 Efron(1991)证明在给定变量的分布函数的条件下，它的期望分位数与分位数以及 ES 之间均存在着一一对应关系。由于期望分位数的损失函数是一阶连续可微的，利用这一性质，我们可以通过期望分位数计算 VaR 和 ES 来提升运算速度和效率。关于期望分位数的这一性质，我们将在第 3 章详细介绍。

本书将提出关于期望分位数的半参数建模和估计方法。由上述可知，这对金融风险的估计有着重要的意义。

1.2　研究问题及内在联系

正如前文所述，传统的 VaR 方法不具有次可加性，且对极端值不敏感，而用于解决这些问题的 ES 也存在无法直接进行回测的问题。由于其同时具有一致性和可导出性，目前关于期望分位数的建模研究越来越多，这些研究中所提出的模型主要分为以下三类：(1)传统的线性模型，如 Kuan et al.(2009)和 Zhang and Li(2017)等；(2)非参数模型，如 Xie et al.(2014)，Kim and Lee(2016)和 Cai et al.(2018)；(3)滞后因子模型，如 Taylor(2009)、Gerlach and Chen(2014)，Gerlach et al.(2017)和 Cai et al.(2022)等。我们从以下几个角度分别分析以上建模方式存在的问题：首先，由于金融收益的尾部风险被广泛认为是非线性、非对称和具有时变性的，传统的线性模型不能有效地刻画金融收益的尾部特征，而完全的非参数模型又存在着“维度诅咒”的问题；其次，Taylor(2009)，Gerlach and Chen(2014)和 Gerlach et al.(2017)提出的滞后因子模型可以有效地衡量风险可能存在的持续性，但是这些模型都具有固定的形式，因而不容易对其进行推广。同时，这些研究均没有讨论模型估计量的渐近性质，而且也没有做关于金融时间序列数据相依性假设。最后，目前还没有研究同时考虑金融收益尾部结构的非线性性和其隐含风险的持续性。现有的模型不能给期望分位数建模过程中出现的问题提供合适的解决方案，这也为对期望分位数建模和估计的进一步研究提供了空间。

1.2.1 研究问题

针对尾部风险的建模过程中存在的问题和潜在的方向，本书将研究以下三个问题：

第一，部分变系数条件期望分位数模型的建模和估计；

第二，线性条件自回归期望分位数模型的建模和估计；

第三，变系数条件自回归期望分位数模型的建模和估计。

首先，我们提出的部分变系数模型假设一部分变量的系数是线性的，而另一部分变量的系数是函数系数。这一建模方式有效结合了线性模型和非线性模型的特点，在保持模型灵活性的同时，还有效地解决了“维度诅咒”的问题。其次，我们提出了一个线性条件自回归期望分位数模型，这个模型非常一般化，Kuan et al.(2009)，Taylor(2009)，Gerlach and Chen(2014)以及 Gerlach et al.(2017)均是它的特例。另外，在假设数据满足金融时间序列数据最常用的 mixing 条件情况下，我们还讨论了模型的拟最大似然估计量的渐近性质。最后，我们结合以上两个模型提出变系数条件自回归期望分位数模型，讨论了该模型的建模和估计问题。

1.2.2 内在联系

本书试图解决在估计金融市场尾部风险中出现的问题，并提出更合适的模型及估计方法。本书研究的问题之间存在着紧密的关系。

首先，在金融系统中，金融企业是其中的重要组成部分，而从金融危机的角度看，风险首先在个体中萌芽。因此，对个体风险的研究有极其重要的意义。本书研究的三个问题均是以尾部风险建模为起点，并以期望分位数作为风险测度指标。从研究问题和研究对象来看，本书的逻辑结构是统一的。

其次，本书重要的贡献是提出了关于个体尾部风险的新的建模和估计方法。从建模的角度，本书第 3 章和第 4 章分别从尾部风险的非线性性和持续性考虑，存在着并列的关系。最后的变系数条件自回归期望分位数模型通过引入期望分位数滞后因子和变系数结构，可以同时考虑到尾部风险的非线性性、非对称性和持续性。因此，第 3、第 4 两章的模型是第 5 章模型的特例。根据模型判断，我们的研究遵循着从特殊到一般的顺序。

最后，从研究方法看，我们在第 3 章中证明了第 4 章使用的非对称最小二乘(asymmetric least square，ALS)估计量属于一族特殊的 QMLE。而在第 4、第 5 两章中，我们均使用 QMLE 估计方法。本书的研究方法和模型一致，遵循从特殊到一般的顺序。

1.3 本书结构

在本书第 2 章中，我们将介绍本领域国内外文献的发展情况；第 3 章中介绍了期望分位数及相关性质；第 4 章中介绍了一个部分变系数条件期望分位数模型，并对相关估计量的渐近性质进行了研究；在第 5 章中，我们在条件期望分位数的建模中引入滞后因子，介绍了线性条件自回归期望分位数模型，并研究了 QMLE 的渐近性质；第 6 章同时考虑了尾部风险的非线性性和持续性，对第 4、第 5 章的模型进行了扩展，介绍了变系数条件自回归期望分位数模型，并研究了估计量的大样本性质；第 7 章对本书进行了总结，并对该领域的发展进行了展望。

第 2 章 文献综述

在本章中，我们将从参数模型和非参数模型出发，分别介绍 VaR 和 ES 模型及期望分位数模型的建模和估计问题的文献情况。关于风险测度估计方法新近发展，可参见 Tian et al.(2018)。

2.1 VaR 及 ES 模型简介

VaR 和 ES 是最为流行的风险测度指标，而它们的估计方法已成为学术界的热点。早期的研究主要使用非条件估计方法，最有代表性的成果包括：Morgan(1996)，Hull and White(1998)提出的风险矩阵；Butler and Schachter(1998)，Gourieroux et al.(2000)和 Chen and Tang(2005)提出的历史模拟法(historical simulation)及其变形；McNeil(1997)，Danielsson and de Vries(1997)提出的非条件极值理论(extreme value theory，EVT)。然而，通过对条件波动率的随机特征建模，风险测度指标的条件估计量相比非条件估计量,结果更精确。因此，条件估计量逐渐成为主流，而接下来介绍的论文也以条件估计为主。

2.1.1 参数模型

在这一节中，我们将介绍参数模型。更准确地说，这些模型应该属于半参数方法(semiparametric approach)，因为它们主要对变量具体分位点建模。这种建模方法的主要好处有：

第一，得到的估计量较为稳健，这个性质对金融数据的研究相当关键。

第二，相比线性模型，半参数方法对数据生成过程中所施加的关于分布函数假设较少，因此使用的范围较广。接下来，我们将分别介绍最具代表性的 EVT 方法、分位数回归方法和回归法。

1. EVT 方法

极值理论主要应用于随机变量的尾部行为的建模，因此特别适合 VaR 和 ES 的估计。它的主要思想是，给定一个充分小的门限 u，收益率数据中小于 u 的部分渐近服从广义帕累托分布（generalized Pareto distribution）。GPD 被定义为：

$$\mathrm{GPD}(w;\varsigma,\psi)=\begin{cases}1-\left(1+\dfrac{\varsigma w}{\psi}\right)^{-1/\varsigma}, & \varsigma\neq 0,\\ 1-\exp\left(-\dfrac{w}{\psi}\right), & \varsigma=0,\end{cases}$$

其中，$w \equiv R-u$；ς是代表分布函数尾部形状的参数指标；ψ 是尺度参数（scale parameter）。考虑到波动率的时变特征，McNeil and Frey（2000）对 McNeil（1997）的非条件 EVT 模型进行了推广，提出了一个可以用来估计条件 VaR 和 ES 的 GARCH-EVT 模型。他们分别对条件波动率和尾部分布进行建模，具体步骤如下：

第一步，他们应用 GARCH 模型处理收益率数据，消除了数据间的相依关系。如果选择的 GARCH 模型满足正确设定假设，那么得到的残差将是独立同分布（independent and identically distributed，i.i.d.）序列。他们选择的 GARCH 模型如下：

$$R_t=\mu_t+\sigma_t z_t,$$

$$\mu_t=\mu+\varphi R_{t-1},$$

$$\sigma_t^2=\omega+\alpha\epsilon_{t-1}^2+\beta\sigma_{t-1}^2,$$

其中，$\{R_t\}_{t=1}^{n}$ 是收益率序列；z_t 是标准正态分布。同时，通过假设部分参数取值范围，如$\omega>0$，$\alpha\geqslant 0$，$\beta\geqslant 0$，以及$\alpha+\beta<1$，来保证得到的序列的平稳性及方差和协方差为正值。在使用拟最大似然方法估计该模型后，得

到的残差可以使用 $\hat{z}_t = (R_t - \hat{\mu}_t)/\hat{\sigma}_t$ 进行标准化，其中 $\hat{\mu}_t$ 和 $\hat{\sigma}_t$ 是得到的参数估计量。

第二步，使用超值(exceedances)估计 GPD 模型。定义超值为 $\hat{z}_t$ 实现值中超过给定阈值 u 的部分，$N_u = \sum_{t=1}^{n} I(\hat{z}_t < u)$ 为超值的数目，那么我们可以对标准化残差进行排序，并选择 $\{\hat{z}_{(1)}, \cdots, \hat{z}_{(N_u)}\}$ 为样本。使用这些样本值，我们可以得到 GPD 模型参数的估计值 $(\hat{\varsigma}, \hat{\psi})^{\mathrm{T}}$。

第三步，对超值的条件累计分布函数进行转换，并将 $(\hat{\varsigma}, \hat{\psi})^{\mathrm{T}}$ 代入所得算式，我们可以得到随机变量 z_t 的 θ- 分位数如下：

$$\hat{q}_\theta(z_t) = \begin{cases} u + \dfrac{-\hat{\psi}}{\hat{\varsigma}}\left[\left(\dfrac{n}{N_u}\theta\right)^{-\hat{\varsigma}} - 1\right], & \varsigma \neq 0, \\ u + \hat{\psi}\log\left(\dfrac{n}{N_u}\theta\right), & \varsigma = 0. \end{cases}$$

第四步，在 t 时刻我们计算得到的 $t+1$ 时刻 VaR 和 ES 的预测值为：

$$\mathrm{VaR}_{t+1,\theta} = -\{\hat{\mu}_{t+1} + \hat{\sigma}_{t+1}\hat{q}_\theta(z_t)\},$$

$$\mathrm{ES}_{t+1,\theta} = \frac{\mathrm{VaR}_{t+1,\theta}}{1-\hat{\varsigma}} + \frac{\hat{\psi} - \hat{\varsigma}u}{1-\hat{\varsigma}},$$

其中，$\hat{\mu}_{t+1}$ 和 $\hat{\sigma}_{t+1}$ 分别为期望收益率和期望方差的向前一步预测值，可以通过 $\hat{\mu}_{t+1} = \hat{\mu} + \hat{\varphi}R_t$ 和 $\hat{\sigma}^2_{t+1} = \hat{\omega} + \hat{\alpha}\hat{\epsilon}^2_t + \hat{\beta}\hat{\sigma}^2_t$ 计算得到。相比非条件 EVT，GARCH-EVT 的一个明显的优势是它引入了期望收益率和期望方差，从而使得 VaR 和 ES 的估计值具有时变性。

Kuester et al.(2006)选取了 13 种条件 EVT 模型，并使用 NASDAQ 混合指数数据对这些模型进行了比较分析。结果发现，在 $0 < \theta < 0.1$ 的概率水平上，如果假定经过 GARCH 模型过滤的残差满足正态或者 t -分布假设，这样得到的 GARCH-EVT 在所有的模型中表现最好。如果想要更详细地了解 EVT 模型及其发展，请参见 Rocco(2014)。

2. 分位数回归技术

众所周知，一个随机变量的 VaR 实际上是它所对应的分位数，而分位数回归的思想是直接对随机变量的特定分位数点进行建模。自然而然地，分位数回归被广泛应用于 VaR 和 ES 的估计。分位数回归技术首先由 Koenker and Bassett(1978)提出，随后 Koenker(2005)对其近 30 年的发展做了完整的总结。假设 $\mathcal{F}_t$ 是 t 时间点的信息集，在给定 $\mathcal{F}_{t-1}$ 条件下，收益率变量 R_t 的 θ- 条件分位数可以通过求解以下最优化问题得到：

$$q_{t,\theta} = \underset{r\in\mathcal{R}}{\operatorname{argmin}}\, E[\{\theta - I(R_t < r)\}(R_t - r) \mid \mathcal{F}_{t-1}].$$

使用分位数回归技术进行估计的一个模型是 Koenker and Zhao(1996)的条件分位数模型，$q_{t,\theta}(\boldsymbol{\beta}) = \beta_{0,\theta} + \sum_{i=1}^{p}\beta_{i,\theta}R_{t-i} + e_t$，其中 $e_t = (\gamma_{0,\theta} + \sum_{j=1}^{q}\gamma_{j,\theta}\mid e_{t-j}\mid)\delta$，$p,q \geqslant 1$，而$\delta$是任意一个均值为零且方差有限的i.i.d.随机变量的θ-分位数；另一个模型是Taylor(1999)提出的线性条件分位数模型，以$\boldsymbol{X}_t$ 作为 $\mathcal{F}_{t-1}$ 的代理变量，其具体形式为：$q_{t,\theta}(\boldsymbol{\beta}) = \boldsymbol{X}_t^{\mathrm{T}}\boldsymbol{\beta}$；将以上模型进行推广，Chernozhukov and Umantsev(2001) 又提出了二次型 VaR 模型，$q_{t,\theta}(\boldsymbol{\beta}) = \boldsymbol{X}_t^{\mathrm{T}}\boldsymbol{\beta} + \boldsymbol{X}_t^{\mathrm{T}}\boldsymbol{\Theta}\boldsymbol{X}_t$，其中 $\boldsymbol{\Theta}$ 是系数矩阵。

在线性参数模型中，Engle and Manganelli(2004)提出的条件自回归在险价值(conditional autoregressive value at risk，CAViaR)模型可能是其中最为著名的。CAViaR 模型的主要特点是直接对分位数 $q_{t,\theta}$ 的演变过程建模，一个典型的 CAViaR 模型拥有以下形式：

$$R_t = q_{t,\theta}(\boldsymbol{\beta}) + \epsilon_{t,\theta},\quad Q_\theta(\epsilon_{t,\theta} \mid \boldsymbol{X}_t) = 0,$$

$$q_{t,\theta}(\boldsymbol{\beta}) = \beta_{0,\theta} + \sum_{i=1}^{p}\beta_{i,\theta}q_{t-i,\theta}(\boldsymbol{\beta}) + \sum_{j=1}^{q}\beta_{p+j,\theta}g(\boldsymbol{X}_{t-j}),$$

其中，$q_{t,\theta}(\boldsymbol{\beta})$ 是收益率 R_t 的 θ- 条件分位数，$Q_\theta(\epsilon_{t,\theta} \mid \boldsymbol{X}_t)$ 是给定$\boldsymbol{X}_t$ 条件下扰动项 $\epsilon_{t,\theta}$ 的 θ- 条件分位数，$\boldsymbol{\beta}_\theta = (\beta_{0,\theta},\cdots,\beta_{p+q,\theta})$ 是一个系数向量，而 $g(\cdot)$ 可能是一个非线性函数。考虑到不同数据特点，Engle and Manganelli(2004) 进一步提出了以下三种不同形式的模型：

（1）对称绝对值模型：

$$q_{t,\theta}(\boldsymbol{\beta})=\beta_{0,\theta}+\beta_{1,\theta}q_{t-1,\theta}(\boldsymbol{\beta})+\beta_{2,\theta}|R_{t-1}|,$$

（2）非对称斜率模型：

$$q_{t,\theta}(\boldsymbol{\beta})=\beta_{0,\theta}+\beta_{1,\theta}q_{t-1,\theta}(\boldsymbol{\beta})+\beta_{2,\theta}R_{t-1}^{+}+\beta_{3,\theta}R_{t-1}^{-},$$

（3）非典型 GARCH(1,1) 模型：

$$q_{t,\theta}^{2}(\boldsymbol{\beta})=\beta_{0,\theta}+\beta_{1,\theta}q_{t-1,\theta}^{2}(\boldsymbol{\beta})+\beta_{2,\theta}R_{t-1}^{2},$$

其中，$R_t^{+}=\max(R_t,0)$，$R_t^{-}=-\min(R_t,0)$。

在第(1)(3) 种模型中，收益率的正、负对后一期的条件分位数影响程度相同。相反的是，第(2) 种模型考虑到了非对称效应，因此收益率中的正、负值对后一期的条件分位数有不同程度的影响。

3. 回归法

由前文可知，ES 不具备可导出性，所以我们不能通过最小化对应得分函数直接求出 ES 估计量。对于这个问题，直接通过回归方式估计 ES 的方法凤毛麟角。Cai et al.(2015)采用了与 EVT 相似的思想，在比例均值剩余寿命(proportional mean residual life，PMRL)模型的基础上，提出了一种易于求解的回归模型来估计 ES。在生存分析中，均值剩余寿命函数 $m(y)$ 被定义为

$$m(y)=E(Y_t-y\mid Y_t>y)=S^{-1}(y)\int_y^{\infty}S(v)\,\mathrm{d}v, \tag{2.1.1}$$

其中，损失变量 Y_t 非负且其均值 μ 有限，而 $S(y)$ 是生存函数。从上式易知，如果我们选取 $y=\mathrm{VaR}_\theta(Y)$，那么 $m(y)$ 是关于$\mathrm{ES}_\theta(Y)$ 的函数。因此，为了估计ES_θ，我们首先必须估计 $m(y)$。反推上述方程(2.1.1) 可得

$$S(y)=\frac{m(0)}{m(y)}\exp\left(-\int_0^{y}m^{-1}(v)\,\mathrm{d}v\right).$$

给定两个生存函数 $S_0(y)$ 和 $S_1(y)$，如果对于所有的 $y\geqslant 0$，$k>0$，均满足条件 $m_1(y)=km_0(y)$，则它们被称为拥有比例均值剩余寿命。

$$S_1(y)=S_0(y)\left(\int_y^{\infty}S_0(v)\,\mathrm{d}v/\mu_0\right)^{1/k-1}.$$

为了将这个条件推广到一个包含解释变量 $\boldsymbol{X}$ 的回归框架，采用了 Maguluri and Zhang (1994) 提出的方法，具体为：

$$m(y \mid \boldsymbol{X}) = \exp(-\boldsymbol{\beta}^{\mathrm{T}}\boldsymbol{X})m_0(y). \tag{2.1.2}$$

由上式，我们可以推知

$$S(y \mid \boldsymbol{X}) = S_0(y)\left(\frac{1}{\mu_0}\int_y^{\infty} S_0(v)\,\mathrm{d}v\right)^{\exp(\boldsymbol{\beta}^{\mathrm{T}}\boldsymbol{X})-1},$$

其中，$S_0(y)$ 为基准生存函数，而 $\mu_0 = E[\exp(\boldsymbol{\beta}^{\mathrm{T}}\boldsymbol{X})Y \mid \boldsymbol{X}]$ 为相应的基准均值。为了求解该模型，Oakes and Dasu (2003) 提出了一系列的加权比例估计量 (weighted ratio estimators)。假设存在一个时间序列样本 $\{(Y_t, \boldsymbol{X}_t)\}_{t=1}^{n}$，其总体分布满足式(2.1.2)，我们可以通过下式估计 $\boldsymbol{\beta}$：

$$\frac{\frac{1}{n}\sum_{t=1}^{n}\boldsymbol{X}_t Y_t \exp(\hat{\boldsymbol{\beta}}^{\mathrm{T}}\boldsymbol{X}_t)}{\frac{1}{n}\sum_{t=1}^{n}Y_t \exp(\hat{\boldsymbol{\beta}}^{\mathrm{T}}\boldsymbol{X}_t)} - \frac{1}{n}\sum_{t=1}^{n}\boldsymbol{X}_t = 0. \tag{2.1.3}$$

假设 $S_0(y) = \exp\left(\frac{y}{\mu_0}\right)$ 为基准生存函数，那么式(2.1.3) 就成为了指数回归模型的真实最大似然方程。因此，我们可以直接根据式(2.1.3) 求解 $\hat{m}(y \mid \boldsymbol{X})$ 的拟最大似然估计量。最后，在求解 $\widehat{\mathrm{VaR}}_\theta$ 后，可以由 $\hat{m}(y \mid X)$ 求得 $\widehat{\mathrm{ES}}_\theta$。

2.1.2 非参数模型

前面提到的参数方法均需预先设定一个模型形式，并假设其中的误差项服从已知的分布，因此普遍拥有良好的解释能力。然而，由于模型形式和误差分布是事先假定的，这些方法也可能遭遇模型误设的问题。其次，正如 Cai and Wang (2008)所指出的，非参数建模在以下方面具有特别的优势。首先，使用非参数方法对函数的先验信息要求较少，因而避免了模型误设问题；其次，非参数模型允许更为广泛的数据依赖结构，这对于金融数据更为合理；最后，非参数化建模可以为进一步的参数化建模提供参考。

1. 函数法

Cai(2002), Wu et al.(2008)以及 Cai and Wang(2008)通过使用基于核平滑的非参数模型来估计指定变量的条件分布，从而实现了对条件 VaR(后记为 CVaR)和条件 ES(后记为 CES)的估计。

假设为平稳时间序列，其中 Y_t 为风险变量或损失变量，$\boldsymbol{X}_t$ 是一个协变量向量，其允许包含经济和 Y_t 的滞后值。在给定$\boldsymbol{X}_t=\boldsymbol{x}$ 条件下，Y_t 的 CVaR 可以表示为 $q_\theta(\boldsymbol{x})=S^{-1}(\theta\mid\boldsymbol{x})$，其中 $S(y\mid\boldsymbol{x})=1-F(y\mid\boldsymbol{x})$ 是损失函数，$F(y\mid\boldsymbol{x})$ 为Y的条件累积分布。由此，一个关于CVaR的非参数估计量可以自然地由 $\hat{q}_\theta(\boldsymbol{x})=\hat{S}^{-1}(\theta\mid\boldsymbol{x})$ 给出；进一步使用代入法，相应的 CES 估计量 $\widehat{\mathrm{ES}}_\theta(\boldsymbol{x})$ 可以由下式求出：

$$\hat{\mathrm{ES}}_\theta(\boldsymbol{x})=\frac{1}{\theta}\int_{\hat{q}_\theta(\boldsymbol{x})}^{\infty}y\hat{f}(y\mid\boldsymbol{x})\mathrm{d}y,$$

其中，$f(y\mid\boldsymbol{x})$ 为 Y_t 的条件概率分布函数。综上可知，CVaR 和 CES 的估计的关键在于条件分布的估计。

在经典非参假设下，以上介绍的条件分位数的非参数核估计方法具有一些严重的问题，主要包括渐近偏差不能自适应，同时存在边界效应需要进行修正。为了解决这些问题，许多不同类型的局部线性估计量被提出。其中，Fan et al.(1994)提出使用“检验”函数来求得一种局部线性平滑估计量；Fan et al.(1996)则首先使用一种“双核”的局部线性技术估计变量的累积分布函数，然后通过求逆的方法得到条件分位数的估计量。这一方法后被统称为 Yu and Jones 估计量。对以上两种方法的详细比较，请参见 Yu and Jones(1997, 1998)。

但是，正如 Hall et al.(1999)所指出的那样，虽然 Yu and Jones 类型的局部线性估计量具有一些吸引人的特性，比如无边界效应、渐近偏差具有自适应性和能达到数学效率，但它们同时也有一些缺点。首先，通过此方法估计的条件分布函数不具有单调性。另外，分布函数的值域不一定介于 0 和 1 之间。相反，尽管 NW(Nadaraya-Watson)方法具有较大的偏差和边界效应，但它们求得的分布函数具有正值性和单调性，因而更容易通过拓展得到满意的变量。为了结合这两种方法的优点，Hall et al.(1999) 提出了一种 WNW(weighted Nadaraya-Watson)估计量。WNW 估计量不但继承了 NW 估计量满足分布函数的性质，而且还具备局部线性方法的小偏差和无边界效应的优势。Cai(2002)将 WNW 估计量推广到 α -mixing 时间序列，在边界点和内点上均建立了 WNW 条件分布估计量的弱一致性和渐近正态性。给定 $\boldsymbol{X}_t=\boldsymbol{x}$ 的条件下，Y_t 的条件分布函数的 WNW 估计量被定义为

$$\hat{F}_w(y\mid\boldsymbol{x})=\sum_{t=1}^{n}W_{c,t}(\boldsymbol{x},h)I(Y_t\leqslant y),$$

其中，权重 $W_{c,t}(\boldsymbol{x},h)$ 形式如下：

$$W_{c,t}(\boldsymbol{x},h)=\frac{p_t(\boldsymbol{x})W_h(\boldsymbol{x}-\boldsymbol{X}_t)}{\sum_{t=1}^{n}p_t(\boldsymbol{x})W_h(\boldsymbol{x}-\boldsymbol{X}_t)},\tag{2.1.4}$$

其中，$W_h(\cdot)=W(\cdot/h)/h$，$W(\cdot)$ 和 h 分别为核函数和窗宽，$\{p_t(\boldsymbol{x})\}_{t=1}^{n}$ 为权重函数，满足 $p_t(\boldsymbol{x})\geqslant 0$ 的条件。最优权重 $p_t(\boldsymbol{x})$ 的估计可以求解以下最优化问题：

$$\max\sum_{t=1}^{n}\log(p_t(\boldsymbol{x}))$$

$$\text{s.t.}\quad\sum_{t=1}^{n}p_t(\boldsymbol{x})=1,$$

$$\sum_{t=1}^{n}(\boldsymbol{X}_t-\boldsymbol{x})p_t(\boldsymbol{x})W_h(\boldsymbol{x}-\boldsymbol{X}_t)=0.$$

在 Cai(2002) 基础上，Wu et al.(2008) 考虑使用核估计方法来估计短程和长程相关的数据过程的条件分位数，并借用 NW 方法建立了相应估计量的 Bahadur 表示和中心极限定理。此外，他们还推导了基于历史信息或状态过程的 VaR 的条件估计量的渐近理论。更进一步，Cai and Wang(2008) 结合 Yu and Jones 估计量和 Cai(2002) 中的 WNW 估计量，提出了一种 WDKLL(weighted double kernel local linear) 估计量。他们首先使用非参数方法估计条件概率分布函数和累积分布函数。对于一个给定的

对称核函数 $K(\cdot)$，当 $h_0 \to 0$ 时，我们可以使用 $K(\cdot)$ 估计条件概率分布函数 $f(y \mid \boldsymbol{x})$，如 $f(y \mid \boldsymbol{x}) \approx E[K_{h_0}(y - Y_t) \mid \boldsymbol{X}_t = \boldsymbol{x}]$，其中 $K_{h_0}(\cdot) = K(\cdot / h_0)/h_0$。由该表达式可知，$Y_t^*(y) = K_{h_0}(y - Y_t)$ 可以作为 $f(y \mid \boldsymbol{x})$ 在 y 方向上的一个初始估计量。接着，我们使用 $\boldsymbol{X}_t$ 对可观测变量 $Y_t^*(y)$ 进行局部线性估计：

$$\sum_{t=1}^{n} \{Y_t^*(y) - a - b(\boldsymbol{X}_t - \boldsymbol{x})\}^2 W_{h_1}(\boldsymbol{X}_t - \boldsymbol{x}), \tag{2.1.5}$$

其中，这一阶段使用的窗宽 $h_1 = h_1(n) > 0$，并满足当 $n \to \infty$ 时 $nh_1 \to \infty$ 的条件。通过调整 a 和 b，使得方程(2.1.5) 达到最小值，可以求解得到一个关于 $f(y \mid \boldsymbol{x})$ 的局部加权最小二乘估计量如下：

$$\hat{f}_{ll}(y \mid \boldsymbol{x}) = \sum_{t=1}^{n} W_{ll,t}(\boldsymbol{x}, h_1) Y_t^*(y),$$

而权重等于：

$$W_{ll,t}(\boldsymbol{x}, h_1) = \frac{\{S_{n,2}(\boldsymbol{x}) - (\boldsymbol{x} - \boldsymbol{X}_t) S_{n,1}(\boldsymbol{x})\} W_{h_1}(\boldsymbol{x} - \boldsymbol{X}_t)}{S_{n,0}(\boldsymbol{x}) S_{n,2}(\boldsymbol{x}) - S_{n,1}^2(\boldsymbol{x})},$$

其中，$S_{n,j}(\boldsymbol{x}) = \sum_{t=1}^{n} W_{h_1}(\boldsymbol{x} - \boldsymbol{X}_t)(\boldsymbol{X}_t - \boldsymbol{x})^j$。由 Fan et al. (1996) 可知，对于 $0 \leqslant j \leqslant 1$，$W_{ll,t}(\boldsymbol{x}, h_1)$ 满足以下离散矩条件：

$$\sum_{t=1}^{n} W_{ll,t}(\boldsymbol{x}, h_1)(\boldsymbol{X}_t - \boldsymbol{x})^j = \begin{cases} 1, & j = 0, \\ 0, & j \neq 0. \end{cases}$$

接下来，通过对 $\hat{f}_{ll}(y \mid \boldsymbol{x})$ 求积分，得到了关于条件累积分布函数 $F(y \mid \boldsymbol{x})$ 的双核局部线性估计量

$$\hat{F}_{ll}(y \mid \boldsymbol{x}) = \int_{-\infty}^{y} \hat{f}_{ll}(v \mid \boldsymbol{x}) \mathrm{d}v = \sum_{t=1}^{n} W_{ll,t}(\boldsymbol{x}, h_1) G_{h_0}(y - Y_t),$$

其中，$G_{h_0}(\cdot) = G(\cdot / h_0)$，$G(\cdot)$ 为 $K(\cdot)$ 的累积分布函数。由上式易知，$\hat{F}_{ll}(y \mid \boldsymbol{x})$ 拥有分布函数的一般性质，比如对 y 可微，且满足 $\hat{F}_{ll}(-\infty \mid \boldsymbol{x}) = 0$ 和 $\hat{F}_{ll}(\infty \mid \boldsymbol{x}) = 1$。

由于 WNW 估计量 $\hat{F}_w(y \mid \boldsymbol{x})$ 和双核局部线性估计量 $\hat{F}_{ll}(y \mid \boldsymbol{x})$ 均具有各自的优势。最后，通过将它们进行结合，我们可以得到 WDKLL 估计量

如下：

$$\hat{f}_c(y \mid \boldsymbol{x}) = \sum_{t=1}^{n} W_{c,t}(\boldsymbol{x}, h_1) Y_t^*(y),$$

其中，$W_{c,t}(\boldsymbol{x}, h_1)$ 由式(2.1.4) 给定，且

$$\hat{F}_c(y \mid \boldsymbol{x}) = \int_{-\infty}^{y} \hat{f}_c(v \mid \boldsymbol{x})\,\mathrm{d}v = \sum_{t=1}^{n} W_{c,t}(\boldsymbol{x}, h_1) G_{h_0}(y - Y_t).$$

同理，我们得到的新的估计量 $\hat{f}_c(y \mid \boldsymbol{x})$ 和 $\hat{F}_c(y \mid \boldsymbol{x})$ 均满足概率分布函数和累积分布函数的一般性质。使用相同的方法，我们可以通过 $q_\theta(y \mid \boldsymbol{x}) = \hat{S}_c^{-1}(\theta \mid \boldsymbol{x})$ 构建 CVaR 的非参数估计量，其中 $\hat{S}_c(y \mid \boldsymbol{x}) = 1 - \hat{F}_c(y \mid \boldsymbol{x})$，而 CES 也可以由下式得到：

$$\widehat{\mathrm{ES}}_\theta(\boldsymbol{x}) = \frac{1}{\theta} \sum_{t=1}^{n} W_{c,t}(\boldsymbol{x}, h_1) \{ Y_t \bar{G}_{h_0}(\hat{q}_\theta(\boldsymbol{x}) - Y_t) + h_0 G_{1,h_0}(\hat{q}_\theta - Y_t) \},$$

其中，$\bar{G}(z) = 1 - G(z)$，$G_{1,h_0}(z) = G_1(z/h_0)$，$G_1(z) = \int_z^\infty vK(v)\,\mathrm{d}v$。

值得一提的是，以上介绍的非参数估计量在内点和边界点上均具有渐近正态性和一致性。

尽管上面提到的非参数方法拥有很多优点，但它们同时也面临一些挑战，如一个纯粹的非参数模型可能会遭受“维度诅咒”，缺乏选择窗宽的标准，以及得到的估计量收敛速度较慢等，详细的讨论请参阅 Li and Racine(2007)。为了将参数和非参数方法的优点结合起来，Wang and Zhao(2016) 提出了一种半参数方法，其特征在于其假设 Y 满足一个特定的参数模型，但不假设扰动项的分布。他们提出的估计量满足收敛速度为 $\sqrt{n}$ 的渐近正态分布。

假设损失变量 Y_t 由 p 维协变量 $\boldsymbol{X}_t$ 决定，$\boldsymbol{X}_t$ 可包含 Y_t 的滞后值以及其他的外生经济变量，如通货膨胀率等。具体而言，$Y_t = \boldsymbol{\Phi}(\boldsymbol{\theta}, \epsilon_t, \boldsymbol{X}_t)$，其中，$\boldsymbol{\Phi}(\cdot)$ 是参数函数，$\boldsymbol{\theta}$ 是未知的 k 维参数，而 ϵ_t 是无法直接观测的扰动项。这个模型假设函数 $\boldsymbol{\Phi}(\cdot)$ 可被 $\boldsymbol{\theta}$ 参数化表示，但不对 ϵ_t 的分布进行任何假定。为了估计这个模型，他们假设函数 $\boldsymbol{\Phi}(\boldsymbol{\theta}, \epsilon_t, \boldsymbol{X}_t)$ 是严格递增的，同时提出了以下估计步骤：

(1) 令 $\hat{\boldsymbol{\theta}}$ 表示为 θ 的一致性估计量；那么，可以求得 ϵ_t 的估计值如下式：

$$\hat{\epsilon}_t = \boldsymbol{\Phi}^{-1}(\boldsymbol{\theta}, \epsilon_t, \boldsymbol{X}_t);$$

(2) 使用样本分位数作为 ϵ_t 的 θ 分位点 $\{\hat{\epsilon}_t\}_{t=1}^{n}$ 的估计量，其可表述如下：

$$\hat{q}_\theta(\epsilon) = \inf\left\{v: \frac{1}{n}\sum_{t=1}^{n} I(\hat{\epsilon}_t \leqslant v) \geqslant \theta\right\};$$

(3) 将第(1)(2)步求得的估计量 $\hat{\boldsymbol{\theta}}$ 和 $\hat{q}_\theta(\epsilon)$ 代入函数 $\boldsymbol{\Phi}(\boldsymbol{\theta}, q_\theta(\epsilon), \boldsymbol{X})$，最终可以得到 Y 的 θ 分位点的估计量如下式：

$$\hat{q}_\theta(Y \mid \boldsymbol{X}) = \boldsymbol{\Phi}(\hat{\boldsymbol{\theta}}, \hat{q}_\theta(\epsilon), \boldsymbol{X}).$$

与 Cai and Wang(2008) 相比较，以上提出的半参数估计量更容易求解，同时不需要设计特定的步骤来选择窗宽。

2. EVT

波动聚集现象是金融收益率序列的典型特征。然而，更关键的是，很多时候我们无法区分波动聚集现象与因金融序列的非平稳性导致的其在一定时期内的波动时高时低的现象。考虑到金融数据可能由不规则变化带来的平稳假设被破坏的情况，在估计 VaR 的过程中，Chavez-Demoulin et al.(2014) 将传统的 POT(peak over threshold) 模型拓展到允许波动率具有时变性。这一模型既可以对平稳序列，又能对非平稳序列进行建模。具体来说，他们首先使用条件概率法则，对损失变量 Y_t 上尾部分的条件分布 $F_{y \mid \mathcal{F}_{t-1}}(\cdot)$ 进行分解得到：

$$P(Y_t > y \mid \mathcal{F}_{t-1}) = P(Y_t > u \mid \mathcal{F}_{t-1}) P(Y_t - u > y - u \mid Y_t > u, \mathcal{F}_{t-1}),$$

其中，u 是事先给定的阈值，且满足 $y > u$。然后，在第 l 周，对超过阈值的损失数据进行计数得到 $N_u(l)$，同时 t 时刻的超值 W_t 也可被独立求出。根据传统 POT，$N_u(l)$ 服从参数值为 λ_l^w 的泊松分布，超值 $W_t \sim \mathrm{GPD}(w_t; \varsigma_t, \psi_t)$。值得一提的是，这里假设泊松分布的参数以及 GPD 分布可随时间变化，也是其与传统 POT 模型的最大区别。除此之外，他们进一步假设这些参数是一系列独立隐藏过程的实现值，同时假设扰动项服从 Laplace 分布，然后进行极大后验分布估计。由此，我们可以得到这些发生临时性突变的系数的平滑估计量。令 Laplace(η,ι) 为拉普拉斯方程，其中，η 为定位参数，$\iota > 0$ 为尺度参数。尺度参数 ι 可以反映突变的程度，一个小的 ι 表示变化是突然且频繁的，反之亦然。具体来说，假设周参数 $\eta_l^w = \log\lambda_l^w$，$\varphi_t = \log\psi_t$，它们分别服从具有 Laplace 扰动的时间一阶马尔科夫过程 $\eta_{l+1}^w \mid \eta_l^w = \text{Laplace}(\eta_l^w,\iota_1)$ 和 $\varphi_{t+1} \mid \varphi_t = \text{Laplace}(\varphi_t,\iota_2)$。使用贝叶斯定理，我们可以得到 η^w 和 φ 的对数后验分布如下：

$$L(\eta_1^w,\cdots,\eta_L^w;n_u(1),\cdots,n_u(L))$$
$$=\sum_{l=1}^{L}\{n_u(l)\eta_l^w - \exp(\eta_l^w)\} - \gamma_1\sum_{l=2}^{L}|\eta_l^w - \eta_{l-1}^w|,$$

以及

$$L(\varphi_1,\cdots,\varphi_{n_u},\varsigma;w_1,\cdots,w_{n_u})$$
$$=\sum_{t=1}^{n_u}\left\{-\varphi_t-\left(1+\frac{1}{\varsigma}\right)\log[1+\varsigma\, w_t\exp(-\varphi_t)]\right\}-\gamma_2\sum_{t=1}^{n_u-1}|\varphi_{t+1}-\varphi_t|,$$

其中，$n_u(1),\cdots,n_u(L)$ 为事先给定的泊松计数。在这里，我们可以选用 IDM(iterated dual mode) 算法来计算($\eta_1^w,\cdots,\eta_L^w$)，ς和($\varphi_1,\cdots,\varphi_{n_u}$) 的极大后验估计量。这些估计量易于求解且在此情形下可以保证一定的收敛速度。

在以上模型中，泊松分布的参数估计频率为每周，而每当实现值超过阈值时，我们会用刚刚介绍的非参数贝叶斯平滑法来估计 GPD 的参数。为了得到统一的日度参数估计量，在这里假设周内数据具有同质性，因此可得 $\hat{\lambda}_t = \hat{\lambda}_l^w/5$。同时假设 GPD 参数$\varsigma$具有时段恒常性，即

$$\hat{\varsigma}_t = \hat{\varsigma}_{t_i};\quad t_i \leqslant t < t_{i+1}, i = 1,\cdots,n_u.$$

这样，不仅可以求出点估计量$\{\hat{\boldsymbol{\theta}}_t = (\hat{\lambda}_t,\hat{\varsigma}_t,\hat{\psi})\}_{t=1}^{n}$和($\hat{\gamma}_1,\hat{\gamma}_2$)，而且由预测分布所得的不确定性的度量也可以求出。给定第 L 周的泊松参数估计量 $\hat{\eta}_L^w$，我们可以估计得到泊松参数 η_{L+1}^w 的估计量如下：

$$\eta_{L+1}^w \mid \eta_L^w = \hat{\eta}_L^w \sim \text{Laplace}(\hat{\eta}_L^w,\hat{\gamma}_1). \tag{2.1.6}$$

同时，$n+1$ 时间点上 GPD 参数 φ_{n+1} 也可被下式估出：

$$\varphi_{n+1} \mid \varphi_n = \hat{\varphi}_n \sim \begin{cases} \delta_{\hat{\varphi}_n}, & 1 - \hat{P}(X_n \geqslant u), \\ \text{Laplace}(\hat{\varphi}_n, \hat{\gamma}_2), & \hat{P}(X_n \geqslant u), \end{cases} \tag{2.1.7}$$

其中，δ_φ 为在 φ 点的狄拉克测度。在将时间点 n 前的数据进行平滑处理后，我们可以得到权衡偏误和方差的最优估计量 $\hat{\lambda}_n$ 和 $\hat{\varphi}_n$。将其代入方程(2.1.6)和方程(2.1.7)，我们可以求得 $\boldsymbol{\theta}_{n+1} \mid \boldsymbol{\theta}_n = \hat{\boldsymbol{\theta}}_n = (\hat{\lambda}_n, \hat{\varsigma}_n, \hat{\psi})$ 的近似分布 $F^{-1}_{\theta_{n+1} \mid \hat{\theta}_n}(\boldsymbol{\theta})$。最后，通过对 $F^{-1}_{\theta_{n+1} \mid \hat{\theta}_n}(\boldsymbol{\theta})$ 求逆，VaR 由下式给出：

$$\widehat{\text{VaR}}_\theta(Y_n) = F^{-1}_{\theta_{n+1} \mid \hat{\theta}_n}(\boldsymbol{\theta}),$$

其中

$$F_{\theta_{n+1} \mid \hat{\theta}_n}(Y) = 1 - [1 - \exp(-\lambda_{n+1} \mid \hat{\lambda}_n)] \left(1 + \hat{\psi}\frac{Y - u}{\varsigma_{n+1} \mid \hat{\varsigma}_n}\right)^{\frac{-1}{\hat{\psi}}}.$$

同时，我们可以使用传统 POT 中的相同步骤求解条件 ES。

将非参数方法和 EVT 结合，Martins-Filho et al.(2018) 提出了一个两阶段法估计 VaR 和 ES。假设损失变量 Y_t 服从以下位置-尺度(location-scale)过程：

$$Y_t = m(\boldsymbol{X}_t) + h^{\frac{1}{2}}(\boldsymbol{X}_t)\epsilon_t,$$

其中，$m(\boldsymbol{X}_t)$ 和 $h(\boldsymbol{X}_t)$ 为关于$\boldsymbol{X}_t$ 的未知函数；ϵ_t 是一个 i.i.d. 扰动项，且满足 $E(\epsilon_t) = 0$ 和 $\text{VaR}(\epsilon_t) = 1$。假设 ϵ_t 的分布函数属于参数为 $-1/\kappa$ 的 Frèchet 分布的最大值吸引场(maximum domain of attraction)，记为 $F_\epsilon(\cdot) \in D(\mathbb{F}_{-1/\kappa})$。在此设定下，有

$$\text{VaR}_\theta(\boldsymbol{x}) \equiv q_\theta(\boldsymbol{x}) = m(\boldsymbol{x}) + h^{\frac{1}{2}}(\boldsymbol{x})q_\theta(\epsilon)$$

$$ES_\theta(\boldsymbol{x}) \equiv E(Y_t \mid Y_t > q_\theta(\boldsymbol{x})) = m(\boldsymbol{x}) + h^{\frac{1}{2}}(\boldsymbol{x})E(\epsilon_t \mid \epsilon_t > q_\theta(\epsilon)), \tag{2.1.8}$$

其中，$q_\theta(\boldsymbol{x})$ 是 Y_t 在给定$\boldsymbol{X}_t = x$ 下的 θ-条件分位数，所对应的条件分布为 $F_{y \mid x}(\cdot)$，而 $q_\theta(\epsilon)$ 是 ϵ_t 的 θ-分位点。为了估计以上条件 VaR 和条件 ES，在第一阶段中，采用局部线性回归的方法估计 $m(\boldsymbol{x})$，得到的估计量记为 $\hat{m}(\boldsymbol{x})$。对于 $h(\boldsymbol{x})$ 的估计，主要采用 Fan and Yao(1998) 中提出的方法。

具体来说，根据 $Y_t^* = Y_t - \hat{m}(\boldsymbol{x})$ 求出 Y_t^* 残值序列，同样使用局部线性回归可以得到：

$$(\hat{h}(\boldsymbol{x}),\hat{h}'(\boldsymbol{x})) = \underset{a,b}{\operatorname{argmin}} \sum_{t=1}^{n} [Y_t^{*2} - a - b^{\mathrm{T}}(\boldsymbol{X}_t - \boldsymbol{x})]^2 K_h(\boldsymbol{X}_t - \boldsymbol{x}).$$

获得估计量 $\hat{m}(\boldsymbol{x})$ 和 $\hat{h}(\boldsymbol{x})$ 后，对于所有 $t = 1,2,\cdots,n$，可以生成一个序列的标准化非参数残差 ϵ_t 序列如下：

$$\hat{\epsilon}_t = \begin{cases} \dfrac{Y_t - \hat{m}(\boldsymbol{X}_t)}{\hat{h}^{\frac{1}{2}}(\boldsymbol{X}_t)}, & \hat{h}(\boldsymbol{X}_t) > 0, \\ 0, & \text{其他}. \end{cases}$$

在第二阶段，为了求得CVaR_θ 和CES_θ 的估计量，可以使用刚得到的残差序列构建 $q_\theta(\epsilon)$ 和 $E(\epsilon_t \mid \epsilon_t > q_\theta(\epsilon))$ 的估计量。为此，可以使用 Pickands (1975) 中的定理 7，即当 $\kappa < 0$ 且函数 $\psi(\zeta) > 0$，$\varsigma \in \mathcal{R}$ 时，$F_\epsilon(\cdot) \in D(\mathbb{F}_{-1/\kappa})$ 的充分必要条件是

$$\lim_{\zeta \to \infty} \sup_{\zeta + w < \infty} | F_{\zeta,\epsilon}(w) - \mathbb{G}(w;\varsigma,\psi(\zeta)) | = 0, \tag{2.1.9}$$

其中，$F_{\zeta,\epsilon}(w) = [F_\epsilon(w+\zeta) - F_\epsilon(\zeta)]/[1 - F_\epsilon(\zeta)]$，而$\mathbb{G}(w;\varsigma,\psi) \equiv 1 - (1 - \varsigma w/\psi)^{1/\varsigma}$ 满足 $0 < w < \infty$ 是一个 GPD。这个定理的主要思想是，当 $F_\epsilon(\cdot) \in D(\mathbb{F}_{-1/\kappa})$ 时，ϵ_t 分布的极限上尾一致性地趋近一个 GPD。正如 Davis and Resnick(1984) 和 Smith(1987) 中所得，我们可以通过式(2.1.9)来估计 $q_\theta(\epsilon)$。经过代数运算后，可得

$$q_\theta(\epsilon) \approx q_{\theta_N}(\epsilon) + \frac{\psi(q_{\theta_N}(\epsilon))}{\kappa}\left[1 - \left\{\frac{n}{N}(1-\theta)\right\}^{\kappa}\right],$$

其中，$\theta_N = 1 - N/n$ 满足 $N \to \infty$ 和 $N/n \to 0$。参考 Smith(1987)，κ 和 $\psi(q_{\theta_N}(\epsilon))$ 可以通过$\mathbb{G}(w;\varsigma,\psi(q_{\theta_N}(\epsilon)))$ 的逼近求得，同理可计算 $\hat{q}_\theta(\epsilon)$。对于 $E(\epsilon_t \mid \epsilon_t > q_\theta(\epsilon))$ 的估计，假设大于 $q_\theta(\epsilon)$ 的值服从 $g(w_1;\varsigma_1,\psi_1) = \psi_1^{-1}(1 - \varsigma_1 w_1/\psi_1)^{1/(\varsigma_1 - 1)}$，这个分布是与 GPD 函数对应的密度函数。由上可知：

$$\hat{E}(\epsilon_t \mid \epsilon_t > q_\theta(\epsilon)) = \frac{\hat{q}_\theta(\epsilon)}{1 + \hat{\varsigma}_1},$$

其中，$\hat{\varsigma}_1$ 是ς_1 在最后一步求得的估计量。最后，我们将 $\hat{q}_\theta(\epsilon)$ 和 $\hat{E}(\epsilon_t \mid \epsilon_t > q_\theta(\epsilon))$ 代入式(2.1.8)，从而完成VaR_θ 和ES_θ 的估计。

3. 分位数回归

非参分位数回归是近年来计量经济学中最炙手可热的研究方向。在大量的研究中，关于变系数分位数回归模型的研究主要包括 Honda(2000, 2004), Kim(2007), Cai and Xu(2008) 和 Cai and Xiao(2012) 等；关于复合分位数回归的研究包括 Zou and Yuan(2008), Kai et al.(2010) 和 Kai et al.(2011) 等；关于单一指数分位数模型的研究包括 Wu et al.(2010), Kong and Xia(2012) 和 Fan et al.(2017)。最后，我们可以在 Koenker(2005) 中找到关于这些模型的详细介绍。

2.2 期望分位数模型

在本节中，我们将总结已有的期望分位数模型的估计方法。首先，我们将介绍一些参数模型，如 Kuan et al.(2009) 提出的 CARE 模型，以及同期 Taylor(2008) 提出的 CARE 模型。然后，再介绍一些非参数模型。

2.2.1 参数模型

Kuan 等(2009) 提出了 CARE 模型，该模型允许我们用不同的自回归形式刻画期望分位数的动态过程。在给定 $\mathcal{F}_{t-1}$ 信息集的条件下，收益率 R_t 的 τ- 条件期望分位数可以通过以下最优化问题得到：

$$e_{t,\tau} = \underset{r \in \mathcal{R}}{\operatorname{argmin}}\, E\{ |\tau - I(R_t < r)| (R_t - r)^2 \mid \mathcal{F}_{t-1}\},$$

而以下则是一个一般化的 CARE 模型：

$$R_t = e_{t,\tau} + \epsilon_{t,\tau},$$

$$\mathrm{Expec}_\tau(\epsilon_{t,\tau} \mid \mathcal{F}_{t-1}) = 0,$$

$$e_{t,\tau} = \beta_{0,\tau} + \sum_{i=1}^{p} \beta_{i,\tau} g_i(R_{t-i}),$$

其中，$\mathrm{Expec}_\tau(\epsilon_{t,\tau} \mid \mathcal{F}_{t-1})$ 代表在给定信息集 $\mathcal{F}_{t-1}$ 的条件下 $\epsilon_{t,\tau}$ 的 τ-期望分位数，而 $g_i(\cdot)$ 是一个非线性函数。CARE 模型包括以下两种特殊形式：一是，在一种形式中，考虑到分布函数尾部的非对称效应，并将正负收益率的量级纳入回归方程中。具体形式如下：

$$e_{t,\tau} = \beta_{0,\tau} + \beta_{1,\tau} R_{t-1} + \beta_{2,\tau}(R_{t-1}^{+})^2 + \beta_{3,\tau}(R_{t-1}^{-})^2.$$

二是，在另一种形式中，以 $|R_{t-1}|$ 作为 R_{t-1} 量级的代理变量，考虑了以下模型形式：

$$e_{t,\tau} = \beta_{0,\tau} + \beta_{1,\tau} R_{t-1}^{+} + \beta_{2,\tau} R_{t-1}^{-}.$$

此外，Kuan et al(2009) 将所求得的期望分位数定义为基于期望分位数的 VaR(expectile-based value at risk, EVaR)，并将其纳入下限风险 (downside risk)。他们认为如果以 EVaR 作为保证金要求，那么概率水平 τ 就可以被解释为保证金预期损失的机会成本。为了估计以上模型，他们可以选用 Newey and Powell(1987) 提出的非对称最小二乘法，所得到的渐近结果同时适用于平稳和弱相依结构数据。

在参数模型设定下，另外一个独立的研究是 Taylor(2008)。考虑到期望分位数和 VaR 以及 ES 之间存在的一一对应关系，他提出了与 CAViaR 模型相对应的一族 CARE 模型：

对称绝对值模型：

$$e_{t,\tau}(\boldsymbol{\beta}) = \beta_{0,\tau} + \beta_{1,\tau} e_{t-1,\tau}(\boldsymbol{\beta}) + \beta_{2,\tau} |R_{t-1}|,$$

非对称斜率模型：

$$e_{t,\tau}(\boldsymbol{\beta}) = \beta_{0,\tau} + \beta_{1,\tau} e_{t-1,\tau}(\boldsymbol{\beta}) + \beta_{2,\tau} R_{t-1}^{+} + \beta_{3,\tau} R_{t-1}^{-},$$

非典型 GARCH(1,1) 模型：

$$e_{t,\tau}^2(\boldsymbol{\beta}) = \beta_{0,\tau} + \beta_{1,\tau} e_{t-1,\tau}^2(\boldsymbol{\beta}) + \beta_{2,\tau} R_{t-1}^2.$$

由于它的目标函数是一致可微的，期望分位数回归的优化速度远快于分位数回归，因此使用以上模型估计变量的 VaR 有一定的现实意义。同时，我们还可以顺便估计变量的 ES。顺着这一思路，通过假设扰动项服从非对称正态分布，Gerlach and Chen(2014) 和 Gerlach et al.(2017) 将已实现极差(realized range) 和已实现波动率(realized volatility) 引入到尾部风险的预测中，分别提出 CARE-R 和 CARE-X 模型。然而，正如 Kuan et al. (2009) 中所述，这些文章主要考虑使用期望分位数回归来计算基于分位数的 VaR，因此更像是CAViaR模型的变形。更重要的是，他们并没有讨论估计的渐近性质。在本书第 5 章中，我们提出了一族线性条件自回归期望分位数模型：

$$
\begin{gathered}
e_{t,\tau} = \alpha_{0,\tau} + \sum_{i=1}^{p} \alpha_{i,\tau} \boldsymbol{X}_{t-i} + \sum_{j=1}^{q} \beta_{j,\tau} e_{t-j,\tau}, \\
p \geqslant 0, \quad q > 0; \\
1 > \beta_{j,\tau} \geqslant 0, \quad j = 1, \cdots, q,
\end{gathered}
$$

其中，$e_{t-1,\tau}$ 是$\{Y_t\}_{t=1}^{n}$ 在时间 $t-1$ 的期望分位数。以上提到的模型均是 LCARE 模型的特例，我们还证明了模型估计量的大样本性质。

考虑到条件期望分位数模型中系数可能存在的时变性，Xu et al.(2018) 采用局部参数方法(local parametric approach)研究尾部风险动态结构中的参数不稳定性(parameter instability)。另外，Zhang and Li(2017)提出了一族门限期望分位数模型来讨论模型中可能存在的结构转换问题。

我国研究者也对期望分位数建模问题进行了一些研究。例如，苏辛和周勇(2013)提出了改进的条件自回归期望分位数模型，并将其应用到基金业绩评价和检验的问题之中。谢尚宇等(2014)为了解决金融序列中普遍存在的异方差问题，提出了一族 ARCH-Expectile 模型，并将该模型应用于民生银行股票的收益分析。刘晓倩和周勇(2016)基于考虑多个概率水平的期望分位数信息可以提高参数估计效率的假设，提出了自回归模型加权复合期望分位数回归估计模型。胡宗义等(2019)构建了半参数 CARE 模型，并利用这个模型来估计中国 A 股市场的 VaR。

2.2.2　非参数模型

正如 Cai and Xiao(2012)所述，一个单纯的线性模型可能不足以捕捉许多实例中可能存在的复杂的数据相依结构。因此，越来越多的研究者提出了非参数或半参数期望分位数模型。其中，Xie et al.(2014)提出了一个变系数期望分位数模型，其具体形式如下：

$$\mathrm{e}_{t,\tau}(\boldsymbol{X}_t,U_t)=\boldsymbol{\beta}_\tau^{\mathrm{T}}(U_t)\boldsymbol{X}_t, \tag{2.2.1}$$

其中，$\boldsymbol{X}_t=(X_{1t},X_{2t},\cdots,X_{pt})$是风险因子向量，$U_t$ 是平滑变量，而$\boldsymbol{\beta}_\tau(U_t)=(\boldsymbol{\beta}_{1,\tau}(U_t),\boldsymbol{\beta}_{2,\tau}(U_t),\cdots,\boldsymbol{\beta}_{p,\tau}(U_t))^{\mathrm{T}}$ 是关于平滑变量 U_t 的函数系数。对于平滑变量 U_t 的选取，他们提出使用包含经济或市场信息的外生变量，这样就可以在动态模型中引入当期的信息。另外，他们对 Newey and Powell (1987)和 Yao and Tong(1996)的估计方法进行改进，并命名为迭代加权局部最小二乘法。更进一步，他们建立了估计量的一致性和渐近正态性。

然而，在实证研究中，很多情况下，模型设定检验会拒绝一个纯粹的变系数模型。部分变系数模型不仅能解决非参数模型可能存在的“维数诅咒”问题，而且因其包含线性部分和非线性部分，使得它同时具有良好的解释能力和模型的灵活度。考虑以上原因，本书第 4 章介绍了一类部分变系数条件期望分位数模型如下：

$$e_{t,\tau}(\boldsymbol{X}_t,U_t)=\boldsymbol{\alpha}_\tau^{\mathrm{T}}\boldsymbol{X}_{t,1}+\boldsymbol{\beta}_\tau^{\mathrm{T}}(U_t)\boldsymbol{X}_{t,2}, \tag{2.2.2}$$

其中，$\boldsymbol{X}_t=(\boldsymbol{X}_{t,1}^{\mathrm{T}},\boldsymbol{X}_{t,2}^{\mathrm{T}})^{\mathrm{T}}\in\mathcal{R}^{p+q}$是风险因子向量；$U_t$ 为平滑变量；$\boldsymbol{\alpha}_\tau\in\mathcal{R}^p$ 是常数系数；$\boldsymbol{\beta}_\tau(\cdot)=(\beta_{1,\tau}(\cdot),\cdots,\beta_{q,\tau}(\cdot))^{\mathrm{T}}$ 是一个二阶连续可微的函数系数变量。关于这个模型的估计方法、渐近性质和应用，我们将在本书第 4 章中详细介绍。

CAViaR 模型在学界和业界的成功，使得直接对不可观测的风险测度进行自回归建模变得流行。然而，遗憾的是，不论是式(2.2.1)还是式(2.2.2)，模型设定均没有引入 $e_{t,\tau}$的滞后值。考虑尾部风险的动态性以及参数的时变性，本书提出了一个变系数条件自回归期望分位数模型，具体形式如下：

$$e_{t,\tau}=a_\tau(U_t)e_{t-1,\tau}+\boldsymbol{b}_\tau^{\mathrm{T}}(U_t)\boldsymbol{X}_t,$$

其中，$a_\tau(U_t)$和$\boldsymbol{b}_\tau^{\mathrm{T}}(U_t)$均为函数系数。在本书第 6 章，我们将详细介绍这个模型。

第 3 章
期望分位数及其性质

3.1 引言

自 2008 年美国金融危机以后，金融界对有效的风险管理技术及准确的风险度量方法的需求越来越强烈。由于风险的成因随着时间不断变化，度量风险的技术也应该与时俱进。1952 年，Markowitz(1952)提出使用方差(标准差)作为风险测度指标，方差(标准差)随即成为风险研究中的标杆。另外一个著名的风险测度指标是 VaR，它最早于 20 世纪 90 年代被 Morgan 资本提出，并应用到市场风险管理中。得益于其概念的简洁性，VaR 很快成为金融业界最炙手可热的风险管理工具。1996 年，巴塞尔银行监督委员会提出将系统性风险作为信用风险的补充，并强制要求各大银行机构使用 VaR 作为他们内部的风险测度指标。几乎与此同时，一场关于风险测度指标所应具备的数学性质的大讨论随即展开，而其中最具标志性的成果当属于在 Artzner et al.(1999)中提出的一致性风险测度。一个同时具有平移不变性、次可加性、正齐次性和单调性的风险测度指标被称为一致性风险测度。由于 VaR 不具有次可加性，具有一致性的风险测度指标 ES 作为其替代品应运而生。然而，尽管 ES 解决了 VaR 内生存在的问题，Gneiting(2011)证明 ES 不具有可导出性，这个性质在 Embrechts and Hofert(2014)和 Ziegel(2016)中被证实与回测存在着相关关系。

考虑到回测的可操作性，由 Newey and Powell(1987)首次提出的期望分位数，其已作为 ES 的替代品被广泛研究。期望分位数可通过最小化非对称加权平均残差和求得。由于其得分函数是二次型，期望分位数对分布的尾部结构敏感。更重要的是，Bellini(2014)将具备正齐次性和凸性的分位数族统一称为广义分位数(generalized quantile)，并证明当 $\tau \in [0.5,1]$时，期望分位数是广义分位数中唯一的一致性风险测度。由于期望分位数同时具有一致性和可导出性，因而被认为是 VaR 和 ES 的一个更好的替代。关于以上论述的具体讨论请参见 Bellini et al.(2014)、Bellini and Valeria(2015)和 Ziegel(2016)。

本章剩余部分的内容安排如下:第 3.2 节讨论了期望分位数与分位数的区别和联系；在第 3.3 节中，探究了期望分位数作为风险测度时的经济解释和应用；第 3.4 节提出了一族密度函数，并证明了它是期望分位数模型的参数估计量具备一致性的必要条件；第 3.5 节对本章进行了小结。

3.2 期望分位数、分位数

假设 Y 为目标变量，其方差有限且累积分布函数为 $F_y(\cdot)$。我们知道，Y 的 θ- 分位数 q_θ 可以通过最小化非对称加权平均绝对误差求得:

$$q_\theta = q_\theta(Y) = \underset{q}{\operatorname{argmin}}\, E[\,(\theta - I(Y \leqslant q))\,(Y - q)\,].$$

上式是一个典型的具有非对称线性损失函数的优化问题，其一阶条件为

$$(\theta - 1)\int_{-\infty}^{q} \mathrm{d}F_y(y) + \theta \int_{q}^{\infty} \mathrm{d}F_y(y) = 0,$$

进一步转化可得

$$\frac{\int_{-\infty}^{q} \mathrm{d}F_y(y)}{\int_{-\infty}^{q} \mathrm{d}F_y(y) + \int_{q}^{\infty} \mathrm{d}F_y(y)} = \int_{-\infty}^{q} \mathrm{d}F_y(y) = \theta.$$

由上式可知，分位数 q_θ 仅取决于分布函数中极端值出现的概率，而不是极端值的大小。这个缺点在风险测度中很容易遭到极大的损失，我们曾在第 1 章中详细介绍过这个问题。

而对于期望分位数，根据 Newey and Powell(1987)，随机变量 Y 的 τ- 期

望分位数 $e_\tau(Y)$ 由下式定义：

$$e_\tau = e_\tau(Y) = \underset{e}{\operatorname{argmin}} E[Q_\tau(Y-e)],$$

其中，$Q_\tau(v)=v^2|\tau - I(v<0)|$是损失函数；$I(\cdot)$ 为示性函数；$\tau \in [0,1]$ 决定了损失函数的非对称程度。相似的，这个优化问题的损失函数同样是非对称的。不过与分位数不同的是，它的误差是平方项而不是绝对值。对上式进行一阶求导，即

$$(\tau-1)\int_{-\infty}^{e}|y-e|\mathrm{d}F_y(y) + \tau\int_{e}^{\infty}|y-e|\mathrm{d}F_y(y) = 0,$$

通过简单的移项可得

$$\frac{\int_{-\infty}^{e}|y-e|\mathrm{d}F_y(y)}{\int_{-\infty}^{e}|y-e|\mathrm{d}F_y(y)+\int_{e}^{\infty}|y-e|\mathrm{d}F_y(y)} = \frac{\int_{-\infty}^{e}|y-e|\mathrm{d}F_y(y)}{\int_{-\infty}^{\infty}|y-e|\mathrm{d}F_y(y)} = \tau. \tag{3.2.1}$$

由上式可知，期望分位数不仅取决于分布函数尾部极端值的发生的概率，还取决于它们的量级。有趣的是，当我们取 $\tau = 0.5$ 时，得到的期望分位数是变量的均值。因此，在研究中最常见的均值回归是期望分位数回归的特殊形式。

期望分位数其实也是一种分位数。考虑到 ALS 回归在统计计算上的便利性，Efron(1991) 利用期望分位数来估计分位数。详细来说，如果我们选择一个合适的期望分位数使得样本内观测值的小于它的比例为 θ，那么这个期望分位数可以作为 θ- 分位数的估计值。这一方法背后隐藏的一个事实是，对于任意一个变量，它的分位数和期望分位数分别对于 θ 和 τ 单调。因此，对于每个 τ- 期望分位数，都唯一存在着一个 θ- 分位数与之对应，通常 θ 与 τ 并不相同。这种一一对应关系可表示为 $e_{\tau(\theta)}(Y) = q_\theta(Y)$，在 Jones(1994)，Abdous and Remillard(1995) 和 Yao and Tong(1996) 等的理论研究中被证实。Yao and Tong(1996) 证明，τ 和 θ 存在着下式的关系：

$$\tau(\theta) = \frac{\theta \cdot q_\theta - \int_{\infty}^{q_\theta} y\mathrm{d}F_y(y)}{E(Y) - 2\int_{\infty}^{q_\theta} y\mathrm{d}F_y(y) - (1-2\theta)q_\theta}.$$

表 3.1 总结了在不同分布的条件下给定的 θ 值所对应的 τ 值。

表 3.1 不同分布下概率水平 τ 的对应值

θ	$N(0,1)$	$U(-1,1)$	$t(3)$	exp(1)	Gamma(3,1)	Beta(2,2)
0.01	0.0013	0.0001	0.0048	0.0001	0.0005	0.0004
0.05	0.0128	0.0028	0.0321	0.0014	0.0055	0.0061
0.25	0.1494	0.1017	0.2119	0.0681	0.0907	0.1272
0.75	0.8502	0.8990	0.7882	0.7321	0.7775	0.8754
0.95	0.9878	0.9974	0.9675	0.9960	0.9812	0.9939
0.99	0.9986	0.9999	0.9951	0.9975	0.9976	0.9995

注：exp( )、Gamma( ) 和 Beta( )分别代表指数分布、伽马分布和贝塔分布。

另外，我们还绘制了在 $N(0,1)$、$U(-1,1)$、$t(3)$、exp(1)、Gamma(3,1) 和 Beta(2,2) 分布条件下，不同水平 θ 对应的 τ 值的示意图如图 3.1 所示。

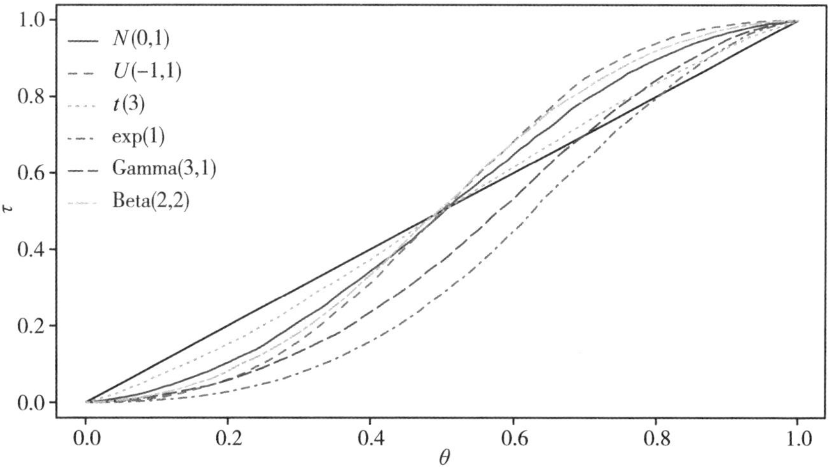

图 3.1 不同分布下 θ 对应的 τ 值①

① 本图彩色版见书末彩插图 2。

3.3　基于期望分位数的风险测度

众所周知，风险测度 VaR 是一个分位数的概念。考虑到期望分位数也是一个分位点，Kuan et al.(2009) 提出了基于期望分位数的 VaR，定义为 $\mathrm{EVaR}_\tau(Y)=|e_\tau(Y)|$，并给定 τ 一个直观的解释。如果我们选取 $\mathrm{EVaR}_\tau(Y)$ 作为保证金要求，那么 $\int_{-\infty}^{e_\tau}|y-e_\tau|\mathrm{d}F(y)$ 为预期的保证金损失，而 $\int_{e_\tau}^{\infty}|y-e_\tau|\mathrm{d}F(y)$ 为由于设置过高保证金而形成的机会成本。而这两者之和 $\int_{-\infty}^{\infty}|y-e_\tau|\mathrm{d}F(y)$，则可以被解释为持有这个保证金水平的总预期成本。根据式(3.2.1)，我们可以将 τ 解释为预期保证金损失的相对成本。一个较大的 EVaR 意味着更谨慎的保证金策略，因而可能造成的损失相应较小。这样，τ 可以被解释为投资者的谨慎性指数。更进一步，Bellini et al.(2014) 证明了当 $\tau\in[1/2,1]$ 时，e_τ 是一个一致性的风险测度。因此，对于 $\tau\in[0,1/2]$，$\mathrm{EVaR}_\tau(Y)$ 具备以下性质：

(1) 平移不变性：存在 $Y\in\mathcal{G}$，$c_0\in\mathcal{R}$，则有 $\mathrm{EVaR}_\tau(Y+c_0)=\mathrm{EVaR}_\tau(Y)-c_0$；

(2) 次可加性：存在 $Y_1,Y_2\in\mathcal{G}$，则有 $\mathrm{EVaR}_\tau(Y_1+Y_2)\leqslant\mathrm{EVaR}_\tau(Y_1)+\mathrm{EVaR}_\tau(Y_2)$；

(3) 正齐次性：存在 $\lambda\geqslant 0$，$Y\in\mathcal{G}$，则有 $\mathrm{EVaR}_\tau(\lambda Y)=\lambda\,\mathrm{EVaR}_\tau(Y)$；

(4) 单调性：存在 $Y_1,Y_2\in\mathcal{G}$ 且有 $Y_1\leqslant Y_2$，那么 $\mathrm{EVaR}_\tau(Y_1)\geqslant\mathrm{EVaR}_\tau(Y_2)$。

由上一节可知，因为期望分位数与分位数存在着一一对应关系，那么对于一个 VaR_θ，我们也可以找到一个 $\mathrm{EVaR}_\tau(Y)$ 与之对应。值得说明的是，通过下式我们可以利用期望分位数估计另一个著名的风险测度 ES：

$$\mathrm{ES}_\theta=\left[1+\frac{\tau}{(1-2\tau)\theta}\right]e_\tau-\frac{\tau}{(1-2\tau)\theta}E(Y),$$

而当 $E(Y)=0$ 时，上式可简化为

$$\mathrm{ES}_\theta=\left[1+\frac{\tau}{(1-2\tau)\theta}\right]e_\tau.$$

在均值方差框架下，选择合适的风险测度作为目标函数以获得最大投资组合收益，也是金融学中的难题。有趣的是，Bassett et al.（2004）建立了 VaR 与投资组合理论的对应关系。具体而言，他证明以 Choquet 函数中的 alpha 风险为目标函数的投资组合问题可以被重新构造为一系列的线性分位数回归模型。相应地，我们建立了期望分位数回归与 Kang et al.（1996）提出的 MSTD 模型的对应关系。为了达到这个目的，我们首先考虑最小化期望分位数的得分函数。通过简单的代数运算，我们可知变量 Y 的 τ 期望分位数 e_τ 可被表述为

$$e_\tau=\min_{\xi\in\mathcal{R}}E[Q_\tau(Y-\xi)]=(1-\tau)\,\mathrm{LPM}_{e_\tau}(Y)+\tau\,\mathrm{UPM}_{e_\tau}(Y),\tag{3.3.1}$$

其中，下偏矩 $\mathrm{LPM}_v(Y)=E[(Y-v)^2I(Y\leqslant v)]$，上偏矩 $\mathrm{UPM}_v(Y)=E[(Y-v)^2I(Y\geqslant v)]$。LPM 在 Fishburn（1977）和 Holthausen（1981）中被称为目标下偏差（below target deviations），是一个常见的下限风险测度。而对于 UPM，它和收益一样可以提高投资者的期望效用。

回归到组合优化问题上。假设存在一个投资组合 $Y=\boldsymbol{X}^{\mathrm{T}}\pi$，其中 $\boldsymbol{X}=(X_1,\cdots,X_p)^{\mathrm{T}}$ 是一组风险投资资产，π 是对每个资产的投资比例。如果这个投资组合问题是在保证UPM等于 μ_p 的条件下，最小化下偏矩风险LPM。那么为了求解投资组合比例 π，我们可以通过最小化以下拉格朗日条件：

$$\min_\pi\{\mathrm{LPM}_v(\boldsymbol{X}^{\mathrm{T}}\pi)-\lambda(\mathrm{UPM}_v(\boldsymbol{X}^{\mathrm{T}}\pi)-\mu_p)\},\tag{3.3.2}$$

其中，$v=e_\tau(Y)$ 为目标收益；λ 是一个常数，可以刻画投资者的风险态度。这个投资组合问题就是我们最开始提到的 MSTD 模型，它等价于在 $\mathrm{UPM}_v(Y)=\mu_p$ 的约束下，最小化 $\mathrm{LPM}_v(Y)$。和其他投资组合模型不同的是，MSTD模型考虑到投资者对更在意的是组合的实现值是否达到事先确定的目标，因而对相应的事件有不同的反应。正因如此，MSTD 模型相较传统的均值-方差模型而言，是一个更为符合现实的组合优化策略。重要的

是，根据式(3.3.1) 和式(3.3.2)，最小化式(3.3.2) 等价于$\min_{\pi}\{e_{\tau}(X^{\mathrm{T}}\pi)\}$。

同时对式(3.3.2) 施加一些通用的限制条件，我们可以得到一个标准的投资组合问题如下：

$$\min_{\pi}\{\mathrm{LPM}_{v}(\boldsymbol{X}^{\mathrm{T}}\pi)-\lambda(\mathrm{UPM}_{v}(X^{\mathrm{T}}\pi)-\mu_{p})\quad \text{s.t.}\quad \boldsymbol{l}_{p}^{\mathrm{T}}\pi=1\},$$

其中，$\boldsymbol{l}_p=(1,\cdots,1)^{\mathrm{T}}$ 为长度为 p 的全部元素为 1 的向量。如果以第一个资产作为计价物，那么求解上式的一个等价问题是：

$$\min_{(\beta,\xi)\in\mathcal{R}^p}\sum_{i=1}^{n}Q_{\tau}\left(X_{i1}-\sum_{j=2}^{p}(X_{i1}-X_{ij})\beta_j-\xi\right),$$

其中，$\beta(\pi)=(1-\sum_{j=2}^{p}\pi_j,\pi_2,\cdots,\pi_p)$。由以上分析可以看出，我们可以通过期望分位数回归来求解 MSTD 模型。

3.4　拟最大似然函数

在对期望分位数建模的过程中，为了估计模型中的参数，通常情况下我们会使用经典的 ALS 估计，即最小化以下目标函数：

$$\hat{\boldsymbol{\theta}}_{\tau}^{\mathrm{ALS}}=\underset{\theta}{\operatorname{argmin}}\sum_{t=1}^{n}Q_{\tau}(Y_t-e_{\tau}(\boldsymbol{w}_t,\boldsymbol{\theta})),\tag{3.4.1}$$

其中，$e_{\tau}(\boldsymbol{w}_t,\boldsymbol{\theta})$ 为 Y_t 在信息集$\boldsymbol{W}_t=\boldsymbol{w}_t$ 时的期望分位数，而以上方程满足的一阶条件为

$$\sum_{t=1}^{n}L_{\tau}(Y_t-e_{\tau}(\boldsymbol{w}_t,\boldsymbol{\theta}))=0,$$

其中，$L_{\tau}(v)=2|\tau-I(v\leqslant 0)|v$ 是函数 $Q_{\tau}(v)$ 的导数。如果 $e_{\tau}(\boldsymbol{w}_t,\boldsymbol{\theta})$ 和 $\boldsymbol{X}_t$ 均可被直接观测，那么$\hat{\boldsymbol{\theta}}_{\tau}^{\mathrm{ALS}}$ 可以通过 Yao and Tong(1996) 提出的迭代加权最小二乘估计(iterative weighted least square) 求解。然而，假设 $e_{\tau}(\boldsymbol{w}_t,\boldsymbol{\theta})$ 不可被直接观测，那么我们可以使用拟极大似然估计。

考虑一系列 QMLE，$\hat{\boldsymbol{\theta}}_{\tau}^{\mathrm{QMLE}}$，其可由下式求解得到：

$$\underset{\boldsymbol{\theta}}{\operatorname{argmin}}\,L_n(\theta)\equiv\sum_{t=1}^{n}\ln l_t(y_t,\xi_t),\tag{3.4.2}$$

其中，l_t 是时间 t 时的条件拟似然函数，ξ_t 为目标函数，在均值回归、分位数回归和条件分位数回归中分别对应条件期望、条件分位数和条件期望分位数。需要强调的是，l_t 的选择将会影响 QMLE 的渐近性质。为了对可能存在模型误设问题的非线性模型建模，Komunjer(2005) 对 Koenker and Bassett(1978) 进行了拓展，考虑了一族关于分位数的 QMLE，证明此估计量收敛于真实参数的必要条件是 l_t 属于 tick-exponential 族的密度函数，即 $l_t(y,\xi)=\varphi_t^\theta(y,\xi)$，其中

$$\varphi_t^\theta(y,\xi)\equiv\exp\{-(1-\theta)(a_t(\xi)-b_t(y))I(y\leqslant\xi)+\theta(a_t(\xi)-c_t(y))I(y>\xi)\},$$

ξ 是 Y_t 的 θ- 分位数，a_t 是连续可微的函数，b_t 和 c_t 是连续函数，而 a_t, b_t, c_t 满足使得 $\varphi_t^\theta(y,\xi)$ 是概率密度函数的条件。还进一步证明，即使关于 Y_t 的条件分布函数模型存在模型误设的问题，那么由 tick-exponential 族密度函数求得的 QMLE 仍然关于一个正确设定的模型估计的条件分位数收敛。

为了在期望分位数的框架下得到一个类似的结果，本书定义了一族密度函数，使其在期望分位数回归中扮演的角色与 tick-exponential 族在分位数回归中的角色一致。我们将这个密度函数族命名为 "tick- linear-exponential"。

定义 3.1(tick-linear-exponential family)　令 φ_t^τ 表示参数值为 ξ 的密度函数，其中 $\xi\in\boldsymbol{M}_t$，$\boldsymbol{M}_t\subseteq\mathcal{R}$。$\varphi_t^\tau$ 是定义在实数集 $\mathcal{R}$ 上的一个概率测度族，它被称作阶数为 $\tau\in(0,1)$ 的 tick-linear-exponential 族，当且仅当：

(1) 对于 $y\in\mathcal{R}$，有

$$\varphi_t^\tau(y,\xi)=\exp\{-(1-\tau)[a_t(\xi)(\xi-y)-\bar{a}_t(\xi)+b_t(y)]I(y\leqslant\xi)-\tau[a_t(\xi)(\xi-y)-\bar{a}_t(\xi)+c_t(y)]I(y>\xi)\},$$

其中，函数 $a_t:\boldsymbol{M}_t\to\mathcal{R}$ 连续可微，$\bar{a}_t=\int a_t\mathrm{d}\xi$，$b_t\mathcal{R}\to\mathcal{R}$ 和 $c_t:\mathcal{R}\to\mathcal{R}$ 是连续函数；

(2) a_t，b_t 和 c_t 满足特定条件使得对于 $\xi\in\boldsymbol{M}_t$，φ_t^τ 是一个概率密度函数。

正如之前提到的，当模型设定正确时，tick-exponential 族密度函数使得以其为目标函数求得的分位数估计量一致收敛于真实值。同理，定义 3.1 中的 tick-linear-exponential 族密度函数在期望分位数估计中扮演着相同的角色。换句话说，tick-linear-exponetial 假设是期望分位数模型的 QMLE 具有一致性的必要条件。在介绍定理 3.1 之前，我们将首先介绍一些假设条件。考虑一个正确设定的条件期望分位数模型 $\mathcal{M}_\tau$，而$\boldsymbol{\theta}_0$ 是真实参数。

假设 A：

A1：参数空间 Θ 是紧集，而$\boldsymbol{\theta}_0$ 是参数空间 Θ 中的内点。

A2：（模型正确设定）给定 $\tau \in (0,1)$，

$$E[\,|\tau - I(Y_t \leqslant e_\tau(\boldsymbol{w}_t,\boldsymbol{\theta}_0))|[Y_t - e_\tau(\boldsymbol{w}_t,\boldsymbol{\theta}_0)]\mid \mathcal{F}_t] = 0.$$

A3：对于任意$\boldsymbol{\theta} \in \Theta$ 和任意t，$1 \leqslant t \leqslant n$，$n \geqslant 1$，$E[\ln l_t(Y_t, e_\tau(\boldsymbol{w}_t,\boldsymbol{\theta}))]$ 是有限且连续的。

A4：$L_n(\boldsymbol{\theta})$ 依概率一致收敛于 $E[L_n(\boldsymbol{\theta})]$。

tick-linear-exponetial 假设是参数$\hat{\boldsymbol{\theta}}_T$ 具有一致性的必要条件，我们将这一论断的主要结果公理化，并在接下来的定理 3.1 中讨论。

定理 3.1　令$\hat{\boldsymbol{\theta}}_n$ 表示求解式(3.4.2)得到的 QMLE，$\boldsymbol{\theta}^* \in \Theta$ 为参数θ 的拟真实值(pseudo-true value)，即$\boldsymbol{\theta}^* \equiv \underset{\boldsymbol{\theta}}{\arg\min} E[L_n(\boldsymbol{\theta})]$。考虑一个真实参数为$\boldsymbol{\theta}_0$ 的正确设定的期望分位数模型 $\mathcal{M}_\tau$，在假设 A 成立的条件下，对于所有 t，$1 \leqslant t \leqslant n, n \geqslant 1, y \in \mathcal{R}$ 及 $\xi \in \boldsymbol{M}_t$，只有当

$$l_t(y,\xi) = \varphi_t^\tau(y,\xi),$$

且 φ_t^τ 是定义 3.1 中的阶数为 τ 的 tick-linear-exponential 密度函数时，QMLE 估计量$\hat{\boldsymbol{\theta}}_n$ 一致收敛于$\boldsymbol{\theta}_0$。

在特定条件下，如当满足 $a_t(\xi) = 2\xi$ 和 $b_t(y) = c_t(y) = y^2$ 的，$\varphi_t^\tau(y,\xi)$ 可以简化为

$$\varphi_t^\tau(y,\xi) = \exp[-(1-\tau)(\xi - y)^2 I(y \leqslant \xi) - \tau(\xi - y)^2 I(y > \xi)]. \tag{3.4.3}$$

令 $l_t(y,\xi) = \varphi_t^\tau(y,\xi)$，并将其代入式(3.4.2)，则由此得到的关于期望

分位数的 QMLE 与 Newey and Powell(1987) 提出的 ALS 估计量相同。为了保持分析的简洁性，在后面的研究中，我们只讨论拟似然函数为式(3.4.3)的情况。

3.5　本章小结

在本章中，我们首先对期望分位数与分位数进行了比较，并讨论了期望分位数的性质以及它与 VaR 和 ES 的关系。其次，构建了期望分位数回归和以 MSTD 模型为基础的组合优化问题的对应关系。最后，提出了一种名为 tick-linear-exponential 的密度函数，并证明了它是期望分位数模型的 QMLE 具有一致性的必要条件。

3.6　附录

在假设 A1 ~ A4 成立的条件下，由 Newey and McFadden(1994) 中的定理 2.1 易知 $\hat{\boldsymbol{\theta}}_n - \boldsymbol{\theta}^*$ 依概率收敛于零。这样，为了证明 $\hat{\boldsymbol{\theta}}_n$ 的一致性，接下来我们需要寻找满足$\boldsymbol{\theta}^* = \boldsymbol{\theta}_0$ 的必要条件。如果模型 $\mathcal{M}_\tau$ 是正确设定的，那么 $\boldsymbol{\theta}^* = \boldsymbol{\theta}_0$ 的必要条件是，对于所有样本量 $n \geqslant 1$ 及所有参数空间 Θ 内的真实值$\boldsymbol{\theta}_0 \in \Theta$，优化问题式(3.4.1) 的一阶条件成立。换句话说，对于所有 t，$1 \leqslant t \leqslant n$，$n \geqslant 1$，满足$\boldsymbol{\theta}^* = \boldsymbol{\theta}_0$ 的必要条件是由模型正确设定条件

$$E[\,|\tau - I(Y_t \leqslant e_\tau(\boldsymbol{w}_t,\boldsymbol{\theta}_0))\,|(Y_t - e_\tau(\boldsymbol{w}_t,\boldsymbol{\theta}_0)) \mid \mathcal{F}_t] = 0,$$

可推导出一阶条件

$$\frac{1}{n}\sum_{t=1}^{n} E[\nabla e_\tau(\boldsymbol{w}_t,\boldsymbol{\theta}_0) E\{\partial \ln \varphi_t^\theta(Y_t, e_\tau(\boldsymbol{w}_t,\boldsymbol{\theta}_0))/\partial \xi \mid \mathcal{F}_t\}\,] = 0.$$

而以上表述的数学表达式为

$$\begin{aligned} &E[\,|\tau - I(Y_t \leqslant e_\tau(\boldsymbol{w}_t,\boldsymbol{\theta}_0))\,|(Y_t - e_\tau(\boldsymbol{w}_t,\boldsymbol{\theta}_0)) \mid \mathcal{F}_t] = 0 \\ &\quad \Rightarrow E[\partial \ln \varphi_t^\theta(Y_t, e_\tau(\boldsymbol{w}_t,\boldsymbol{\theta}_0))/\partial \xi \mid \mathcal{F}_t] = 0. \end{aligned} \tag{3.6.1}$$

接着，令

$$\kappa_t(Y_t,e_\tau(\boldsymbol{w}_t,\boldsymbol{\theta}_0))=\frac{\partial\ln\varphi_t^\theta(Y_t,e_\tau(\boldsymbol{w}_t,\boldsymbol{\theta}_0))/\partial\xi}{|\tau-I(Y_t\leqslant e_\tau(\boldsymbol{w}_t,\boldsymbol{\theta}_0))|(Y_t-e_\tau(\boldsymbol{w}_t,\boldsymbol{\theta}_0))},\tag{3.6.2}$$

则后续我们将证明由式(3.6.1) 可推得以下两个条件：

(1) κ_t 是 $\mathcal{F}_t$ 可测的；

(2) 对于任意 t，$1\leqslant t\leqslant n,n\geqslant 1$，$\kappa_t>0$。

为了这个目的，我们考虑对 κ_t 进行分解 $\kappa_t=E(\kappa_t\mid\mathcal{F}_t)+\varepsilon_t$，其中 $E(\varepsilon_t\mid\mathcal{F}_t)=0$。由式(3.6.2) 易知

$$\begin{aligned}&E[\partial\ln\varphi_t^\theta(Y_t,e_\tau(\boldsymbol{w}_t,\boldsymbol{\theta}_0))/\partial\xi\mid\mathcal{F}_t]\\&=E[\kappa_t\mid\mathcal{F}_t]E[|\tau-I(Y_t\leqslant e_\tau(\boldsymbol{w}_t,\boldsymbol{\theta}_0))|(Y_t-e_\tau(\boldsymbol{w}_t,\boldsymbol{\theta}_0))\mid\mathcal{F}_t]\\&\quad+E[\varepsilon_t|\tau-I(Y_t\leqslant e_\tau(\boldsymbol{w}_t,\boldsymbol{\theta}_0))|(Y_t-e_\tau(\boldsymbol{w}_t,\boldsymbol{\theta}_0))\mid\mathcal{F}_t],\end{aligned}$$

而由式(3.6.1) 可知，对于 t，$1\leqslant t\leqslant n,n\geqslant 1$，上式等价于 $E[\varepsilon_t|\tau-I(Y_t\leqslant e_\tau(\boldsymbol{w}_t,\boldsymbol{\theta}_0))|(Y_t-e_\tau(\boldsymbol{w}_t,\boldsymbol{\theta}_0))\mid\mathcal{F}_t]=0.$

因此，对于所有 t，$1\leqslant t\leqslant n,n\geqslant 1$，有 $\epsilon_t=0$，则条件(1) 得证。接下来，我们将证明条件(2)。易知 $\boldsymbol{\theta}_0\in\Theta$ 是 $E(L_n(\theta))$ 的最大值点的二阶条件是，对于任意 $\boldsymbol{v}\in\mathcal{R}^k$，我们有 $\boldsymbol{v}'\nabla^2E[L_n(\boldsymbol{\theta}_0)]\boldsymbol{v}\leqslant 0$。由条件(1) 知，$\kappa_t$ 可被改写为 $\kappa_t(Y_t,e_\tau(\boldsymbol{w}_t,\boldsymbol{\theta}_0))=\kappa_t(e_\tau(\boldsymbol{w}_t,\boldsymbol{\theta}_0))$。那么，由式(3.6.1)、式(3.6.2) 以及模型正确设定的条件，对于任意 $t,1\leqslant t\leqslant n,n\geqslant 1$，有

$$\begin{aligned}&\boldsymbol{v}'\nabla^2E[L_n(\boldsymbol{\theta}_0)]\boldsymbol{v}\\&=\boldsymbol{v}'\nabla\frac{1}{n}\sum_{t=1}^{n}E\{\nabla e_\tau(\boldsymbol{w}_t,\boldsymbol{\theta}_0)E[\partial\ln\varphi_t^\theta(Y_t,e_\tau(\boldsymbol{w}_t,\boldsymbol{\theta}_0))/\partial\xi\mid\mathcal{F}_t]\}\boldsymbol{v}\\&=\boldsymbol{v}'\Bigg[\frac{1}{n}\sum_{t=1}^{n}E\{\nabla^2e_\tau(\boldsymbol{w}_t,\boldsymbol{\theta}_0)E[\partial\ln\varphi_t^\theta(Y_t,e_\tau(\boldsymbol{w}_t,\boldsymbol{\theta}_0))/\partial\xi\mid\mathcal{F}_t]\}\\&\qquad+E\{\nabla e_\tau(\boldsymbol{w}_t,\boldsymbol{\theta}_0)\ \nabla E[\partial\ln\varphi_t^\theta(Y_t,e_\tau(\boldsymbol{w}_t,\boldsymbol{\theta}_0))/\partial\xi\mid\mathcal{F}_t]\}\Bigg]\boldsymbol{v}\\&=\boldsymbol{v}'\Bigg[\frac{1}{n}\sum_{t=1}^{n}E[\nabla e_\tau(\boldsymbol{w}_t,\boldsymbol{\theta}_0)\ \nabla E\{\kappa_t(e_\tau(\boldsymbol{w}_t,\boldsymbol{\theta}_0))|\tau-I(Y_t\leqslant e_\tau\end{aligned}$$

$$(\boldsymbol{w}_t,\boldsymbol{\theta}_0))|(Y_t-e_\tau(\boldsymbol{w}_t,\boldsymbol{\theta}_0))|\mathcal{F}_t\}]\Bigg]\boldsymbol{v}$$

$$=\boldsymbol{v}'\Bigg[\frac{1}{n}\sum_{t=1}^{n}E[\nabla e_\tau(\boldsymbol{w}_t,\boldsymbol{\theta}_0)\kappa_t(e_\tau(\boldsymbol{w}_t,\boldsymbol{\theta}_0))\nabla E\{|\tau-I(Y_t\leqslant e_\tau$$

$$(\boldsymbol{w}_t,\boldsymbol{\theta}_0))|(Y_t-e_\tau(\boldsymbol{w}_t,\boldsymbol{\theta}_0))|\mathcal{F}_t\}]\Bigg]\boldsymbol{v}$$

$$=-\frac{1}{n}\sum_{t=1}^{n}E\{[\boldsymbol{v}'\nabla e_\tau(\boldsymbol{w}_t,\boldsymbol{\theta}_0)]^2\kappa_t(e_\tau(\boldsymbol{w}_t,\boldsymbol{\theta}_0))E[(1-\tau)I(Y_t\leqslant e_\tau$$

$$(\boldsymbol{w}_t,\boldsymbol{\theta}_0))+\tau I(Y_t-e_\tau(\boldsymbol{w}_t,\boldsymbol{\theta}_0))|\mathcal{F}_t]\}$$

$$\leqslant 0.$$

由上式易知，对于任意t，$1\leqslant t\leqslant n$，$n\geqslant 1$，有$\kappa_t(e_\tau(\boldsymbol{w}_t,\theta))\geqslant 0$。由于$\boldsymbol{\theta}_0$是$\Theta$的内点，进一步可得，对于所有$t$，$1\leqslant t\leqslant n$，$n\geqslant 1$，有$\kappa_t(e_\tau(\boldsymbol{w}_t,\theta))>0$。综上分析，由式(3.6.1)可以得到，对于所有$\boldsymbol{\theta}_0\in\Theta$及任意$t$，$1\leqslant t\leqslant n$，$n\geqslant 1$，有

$$\frac{\partial\ln\varphi_t^\theta(Y_t,e_\tau(\boldsymbol{w}_t,\boldsymbol{\theta}_0))}{\partial\xi}$$

$$=\kappa_t(e_\tau(\boldsymbol{w}_t,\boldsymbol{\theta}_0))|\tau-I(Y_t\leqslant e_\tau(\boldsymbol{w}_t,\boldsymbol{\theta}_0))|(Y_t-e_\tau(\boldsymbol{w}_t,\boldsymbol{\theta}_0)),$$

以及$\kappa_t>0$。最后，将上式对ξ，可以得到

$$\ln\varphi_t^\theta(Y_t,e_\tau(\boldsymbol{w}_t,\boldsymbol{\theta}_0))$$

$$=-(1-\tau)[a_t(e_\tau(\boldsymbol{w}_t,\boldsymbol{\theta}_0))(e_\tau(\boldsymbol{w}_t,\boldsymbol{\theta}_0)-y)-\bar{a}_t(e_\tau(\boldsymbol{w}_t,\boldsymbol{\theta}_0))+b_t(y)]$$

$$I(y\leqslant e_\tau(\boldsymbol{w}_t,\boldsymbol{\theta}_0))-\tau[a_t(e_\tau(\boldsymbol{w}_t,\boldsymbol{\theta}_0))(e_\tau(\boldsymbol{w}_t,\boldsymbol{\theta}_0)-y)-\bar{a}_t(e_\tau(\boldsymbol{w}_t,\boldsymbol{\theta}_0))$$

$$+c_t(y)]I(y>e_\tau(\boldsymbol{w}_t,\boldsymbol{\theta}_0)),$$

其中，对于任意t，$1\leqslant t\leqslant n$，$n\geqslant 1$，函数a_t是κ_t的不定积分，满足$a_t'=\kappa_t>0$，$\bar{a}_t$是a_t的不定积分，并满足$\bar{a}_t'=a_t$，而b_t和c_t均为连续函数。

定理3.1证毕。

第4章 部分变系数条件期望分位数模型

4.1 引言

如何正确地评估尾部风险，一直以来都是风险管理领域最重要且具有挑战性的难题。期望分位数，作为VaR的备选，引起了广泛的关注。正如前文所讨论的，VaR测度的是在一定概率水平下投资组合可能遭受的最大损失。然而，当极端风险的大小变得重要时，比如发生灾难风险，VaR就变成了一个非常保守的风险指标，因为它只取决于极端事件发生的概率，而不是极端事件的量级。在这种背景下，期望分位数首先被Newey and Powell(1987)提出。由于其是通过最小化非对称残差平方和求得，因此它对尾部风险的量级敏感。同时，相比其他风险测度指标，期望分位数还有很多其他的优点。由于它更容易计算，这使得其在实证研究中更有吸引力。另外，给定任意分布，Efron(1991)，Jones(1994)，以及Yao and Tong(1996)的研究均表明期望分位数存在和分位数的一一对应关系，Taylor(2008)更进一步证明了期望分位数和ES的关系。因此，我们可以用期望分位数回归来计算VaR和ES。

正是因为期望分位数存在着以上优点，对条件期望分位数模型的研究越来越多。其中，Kuan et al.(2009)提出将期望分位数作为风险测度，并建立了一族CARE模型，在期望分位数变得越来越流行的过程中扮演了重要的角色。Taylor(2008)在期望分位数建模中引入期望分位数的滞后因子，并利用所得到的CARE模型估计VaR和ES。然而，正如Kuan et al.(2009)所评论的，Taylor(2008)并没有探讨估计量的渐近性质。在 Taylor(2008)模型的基础上，通过假设扰动项服从非对称正态分布，Gerlach and Chen(2014)和 Gerlach et al.(2017)将已实现极差和已实现波动率引入到尾部风险的预测中，分别提出 CARE-R 和 CARE-X 模型。

考虑到尾部风险可能存在的非线性性，Xie et al.(2014)提出了变系数条件期望分位数模型。这一模型采用了变系数的建模框架，并选取反映当前投资环境信息的变量作为平滑变量，因此模型可利用最新的信息。相比之前提到的参数模型，变系数模型可以提供模型灵活性，并能捕捉参数可能存在的异质性和非对称性。同时，一个变系数模型可以通过选择合适的平滑变量引入结构信息，并且在采用加总框架时还可以有效解决“维度诅咒”的问题。关于以上讨论的详细介绍，请参考 Cai et al.(2000)。

本章中，受在估计 S&P500 收益率数据的尾部风险的实证研究中遇到的异质性、非线性性和非对称性等问题启发，我们提出了一族部分变系数条件期望分位数模型。这个新模型采用了一个部分线性的形式，在模型中，我们假设一部分解释变量的系数是常数，而另外一部分系数是某些通过经济理论或特征事实选择的平滑变量的函数。值得一提的是，这一模型具有很强的灵活性，Kuan et al.(2009)和 Xie et al.(2014)的模型均是它的特例。特别的是，它不仅拥有变系数模型所有的优点，而且其常系数部分收敛速度与普通参数模型一致。与 Xie et al.(2014)的变系数模型不同的是，我们提出的模型估计包括三个步骤。在第一步中，首先将常系数当做变系数并估计得到的完全变系数模型。第二步对第一步中得到的变系数估计量进行加权平均，从而使得常系数的估计量拥有一个参数收敛速度。第三步重新估计原模型的变系数部分。这一估计方法可以完美解决期望分位数框架下，半参数模型不能通过 profile 最小二乘估计方法解决的问题。然而，在实证研究中还存在一个重要的问题：如何判断模型中哪些变量的系数是变系数，哪些是常系数呢？为了解决这个问题，我们提出了一个简单的常数系数检验方法来检测对应的系数是否由特定的经济变量决定。最后，我们使用该检验方法确定了一个合适的部分变系数模型，并用它来估计 S&P500 的日度收益率的尾部风险。

这一章剩余部分的内容安排如下：第 4.2 节，我们介绍了新模型及其估计方法，同时建立了估计量的渐近性质，另外还提出了一个选择窗宽及平滑变量的快速有效的算法，同时还补充了一种变系数的检验方法；第 4.3 节展示了蒙特卡洛模拟的结果；第 4.4 节利用一个实例验证了本章提出模型的实用性；第 4.5 节进行了总结和展望；最后，我们将所有的技术证明放到第 4.6 节附录部分，以供参考查阅。

4.2　模型框架

4.2.1　模型设定

假设 $(Y_t,\boldsymbol{U}_t,\boldsymbol{X}_t), t=1,2,\cdots,n$ 是一个严平稳随机向量序列。那么，在给定 $\boldsymbol{U}_t=\boldsymbol{u}$ 和 $\boldsymbol{X}_t=\boldsymbol{x}$ 条件下，随机变量 Y_t 的 τ 条件分位数被定义为：

$$e_\tau(\boldsymbol{u},\boldsymbol{x})=\underset{\xi\in\mathcal{R}}{\operatorname{argmin}}E\{Q_\tau(Y_t-\xi)\mid \boldsymbol{U}_t=\boldsymbol{u},\boldsymbol{X}_t=\boldsymbol{x}\}.$$

本章考虑的是一个部分变系数的模型框架：

$$e_\tau(\boldsymbol{U}_t,\boldsymbol{X}_t)=\boldsymbol{a}_\tau^{\mathrm{T}}\boldsymbol{X}_{t,1}+\boldsymbol{b}_\tau^{\mathrm{T}}(\boldsymbol{U}_t)\boldsymbol{X}_{t,2}, \tag{4.2.1}$$

其中，$\boldsymbol{X}_t=(\boldsymbol{X}_{t,1}^{\mathrm{T}},\boldsymbol{X}_{t,2}^{\mathrm{T}})^{\mathrm{T}}\in\mathcal{R}^{p+q}$，$\boldsymbol{U}_t$ 表示平滑变量。在此，我们允许 $\boldsymbol{X}_t$ 与 $\boldsymbol{U}_t$ 包含 Y_t 的滞后值，因此模型是动态的。为了保证分析的简洁，在这里假设 $\boldsymbol{U}_t=U_t$ 是标量。另外，假定 $\boldsymbol{a}_\tau=(a_{1,\tau},\cdots,a_{p,\tau})^{\mathrm{T}}$ 是解释变量 $\boldsymbol{X}_{t,1}$ 的常数系数向量 $\boldsymbol{b}_\tau(\cdot)=(b_{1,\tau}(\cdot),\cdots,b_{q,\tau}(\cdot))^{\mathrm{T}}$ 是解释变量 $\boldsymbol{X}_{t,2}$ 的函数系数向量。为了简单起见，在不会引起歧义的情况下，本章的后半部分将省略掉 $\boldsymbol{a}_\tau$ 和 $\boldsymbol{b}_\tau(\cdot)$ 中的 $\boldsymbol{\tau}$。

以上模型非常一般化，它可以包含一些现有的期望分位数模型作为特例。举例来说，Kuan et al.(2009) 提出的 CARE 模型是本书部分变系数模型的特殊形式。这是由于 CARE 模型的解释变量中截距项和收益率的滞后值的系数设定为常数，而其他包括收益率滞后值的平方或者绝对值的系数 $\boldsymbol{x}$ 会随着滞后值的符号而改变，因此其本质是一种门限模型或特殊的部分变系数模型。此外，如果以上模型不包括常系数 $\boldsymbol{a}$ 和对应的解释变量 $\boldsymbol{X}_{t,1}$，那么它就简化成为 Xie et al.（2014）提出的变系数期望分位数模型。

4.2.2 估计方法

1. 三步估计法

与 Cai and Xiao(2012) 提出的部分变系数分位数模型相似的是，由于期望分位数同样没有显式方程，Robinson(1988) 提出的著名的求解半参数模型的方法以及 Speckman(1988) 的 profile 最小二乘估计方法均不能用来估计模型(4.2.1) 中的系数变量 $\boldsymbol{a}$ 和 $\boldsymbol{b}(\cdot)$。因此，相较 Xie et al.(2014) 来说，部分变系数模型的估计有一定的困难。为了估计 $\boldsymbol{a}$ 和 $\boldsymbol{b}(\cdot)$，我们提出了以下估计步骤：

第一步，对于 $1 \leqslant s \leqslant n$，我们将 $\boldsymbol{a}$ 假定为 U_s 的函数。使用局部常数近似方法，我们通过最小化以下局部加权损失函数估计 $\boldsymbol{a}(U_s)$：

$$\min_{a,b} \sum_{t=1}^{n} Q_\tau(Y_t - \boldsymbol{a}^{\mathrm{T}}(U_s)\boldsymbol{X}_{t,1} - \boldsymbol{b}^{\mathrm{T}}(U_s)\boldsymbol{X}_{t,2}) K_{h_1}(U_t - U_s),$$

其中，$K(\cdot)$ 为核函数，$K_{h_1}(x)=K(x/h_1)/h_1$，而 h_1 代表这一阶段估计中使用的窗宽，满足 $h_1 = h_1(n) \to 0$ 和 $nh_1^2 \to \infty$。通过这一阶段估计，我们可以得到关于 $\boldsymbol{a}(U_s)$ 的一个序列的估计量，表示为 $\hat{\boldsymbol{a}}(U_s)$，$1 \leqslant s \leqslant n$。

第二步，为了利用全样本信息，并提高 $\boldsymbol{a}$ 的估计效率，我们对以上估计量序列 $\hat{\boldsymbol{a}}(U_s)$ 进行加权平均，具体形式如下：

$$\tilde{\boldsymbol{a}} = \frac{1}{n}\sum_{s=1}^{n} \hat{\boldsymbol{a}}(U_s).$$

关于 $\tilde{\boldsymbol{a}}$ 的渐近性质，我们将其展示在定理 4.1 中。结果表明它是渐近正态，并且收敛速度为$\sqrt{n}$。

第三步，我们构建 $Y_{t1}^* = Y_t - \tilde{\boldsymbol{a}}^{\mathrm{T}}\boldsymbol{X}_{t,1}$，其中 $\tilde{\boldsymbol{a}}$ 为第二阶段中估计的关于 $\boldsymbol{a}$ 的$\sqrt{n}$ 一致估计量，然后重新估计系数 $\boldsymbol{b}(\cdot)$。对于任意给定格点 u_0，通过使用局部线性逼近，$\boldsymbol{b}(u_0)$ 的估计值可以通过最小化以下损失函数得到：

$$\min_{b,b'}\sum_{t=1}^{n}Q_{\tau}(Y_{t1}^{*}-\boldsymbol{b}^{\mathrm{T}}(\boldsymbol{u}_0)\boldsymbol{X}_{t,2}-\boldsymbol{b}'^{\mathrm{T}}(\boldsymbol{u}_0)\boldsymbol{X}_{t,2}(U_t-u_0))K_{h_2}(U_t-u_0),$$

其中，h_2 代表这一阶段使用的窗宽，$\boldsymbol{b}'(\cdot)$ 为 $\boldsymbol{b}(\cdot)$ 的一阶导数。这里得到的关于 $\boldsymbol{b}(\boldsymbol{u}_0)$ 的局部线性估计量用 $\tilde{\boldsymbol{b}}(u_0)$ 表示。

2. 窗宽选择

窗宽的选择一直以来都是非参数模型实际应用中具有挑战性的难题。对于上节讨论的三步法，我们分别需要在第一阶段和第三阶段选择窗宽 h_1 和 h_2。目前没有如何以最优方式选择第一阶段窗宽 h_1 的理论。然而，我们的模拟结果显示，如果第一阶段估计选择的窗宽是不够平滑(under-smoothed)的，那么 $\boldsymbol{b}(u_0)$ 的估计结果对 h_1 的选择不敏感。对于最后一阶段 h_2 的选择，我们将 Cai et al.(2000) 在均值回归中使用的多层交叉验证(multi-fold cross validation)准则推广到期望分位数回归框架下。由于在分析时间序列数据时，传统的交叉验证方法取得的效果并不理想，本书提到的选择步骤简单易行，并能有效地处理时间序列数据。具体的步骤见下文。

假设 m 和 Q 为两个正整数，并选择窗口长度 l 使其满足 $n>lQ$。首先，通过使用长度为 $n-ql(q=1,\cdots,Q)$ 的 Q 个子序列进行期望分位数回归，可以得到回归模型中未知函数的估计值。基于以上估计方程，我们可以算得下一节长度为 l 的时间序列的一步预测误差。这样，最优窗宽可以通过最小化平均非对称均方误差(average asymmetric mean squared error，AAMSE)得到。具体的 AAMSE 形式为

$$\mathrm{AAMSE}(h_2)=\sum_{q=1}^{Q}\mathrm{AAMSE}_q(h_2),\qquad(4.2.2)$$

其中，对于 $1\leqslant q\leqslant Q$，有

$$\mathrm{AAMSE}_q(h_2)=\frac{1}{l}\sum_{t=n-ql+1}^{n-ql+l}Q_{\tau}(Y_t-\tilde{\boldsymbol{a}}_{\tau}^{\mathrm{T}}X_{t,1}-\tilde{\boldsymbol{b}}_{\tau}^{\mathrm{T}}(U_t)X_{t,2}).$$

值得注意的是，根据经验法则 $h_2=O(n^{-1/5})$，对不同的样本长度，我们选取合适的备选窗宽集。另外，在实际应用时，依据 Cai et al.(2000) 选择

$l=[0.1n]$ 及 $Q=4$。关于式(4.2.2)，Xie et al.(2014) 在模型估计的窗宽选择中也采取了相近的步骤。

3. 平滑变量选择

在应用变系数模型时，选择合适的平滑变量 U_t 同样非常重要。为此，如果能找到经济学理论或是关于真实数据的知识作为参考，将给这一过程中带来极大的帮助。然而，如果没有这些先验知识，一些数据驱动的模型选择方法，如 Akaike 信息准则、交叉验证或其他方法等，也是不错的选择。在这里，我们集合这几种方法的优点，提出一种易于操作的方法。首先，我们根据经济理论或是已有的模型，选择一个 U_t 的可行集。然后，对可行集中的每个 U_t 进行模型估计。最后，选取能达到式(4.2.2)中 AAMSE 的最小值的 U_t，作为模型 U_t 的最优选择。在第 4.4 节的实证研究中，我们将展示具体的实施流程。

4.2.3 渐近理论

在本小节中，我们将分别导出估计量 $\tilde{\boldsymbol{a}}$ 和 $\tilde{\boldsymbol{b}}(u_0)$ 的渐近性质。另外，为了提高 $\boldsymbol{a}$ 的估计效率，我们也将讨论关于它的加权平均估计量。最后，本节提出了一个检验系数是否为常数的统计量，并且证明了它渐近服从卡方分布。

1. 标号及假设条件

我们将首先介绍本节中将使用到的标号。其中，$f_u(\cdot)$ 代表 U_t 的边缘密度函数，$f_{y|u,x}(\cdot)$ 和 $F_{y|u,x}(\cdot)$ 分别代表 Y_t 基于 U_t 和 $\boldsymbol{X}_t$ 的条件密度函数和条件分布函数。另外，我们还定义：

$$\boldsymbol{\Omega}(u)=E[\boldsymbol{X}_t\boldsymbol{X}_t^{\mathrm{T}}\mid U_t=u],$$

$$\boldsymbol{\Gamma}^*(u)=E[Q'_\tau(Y_t-e_\tau(U_t,\boldsymbol{X}_t))^2\boldsymbol{X}_t\boldsymbol{X}_t^{\mathrm{T}}\mid U_t=u],$$

$$\boldsymbol{\Omega}_2(u)=E[\boldsymbol{X}_{t,2}\boldsymbol{X}_{t,2}^{\mathrm{T}}\mid U_t=u],$$

$$\boldsymbol{\Gamma}(u)=2E[\{\tau(1-F_{y\mid u,x}(e_\tau(U_t,\boldsymbol{X}_t)))+(1-\tau)F_{y\mid u,x}(e_\tau(U_t,\boldsymbol{X}_t))\}\boldsymbol{X}_t\boldsymbol{X}_t^{\mathrm{T}}\mid U_t=u],$$

$$\boldsymbol{\Gamma}_2(u)=2E[\{\tau(1-F_{y\mid u,x}(e_\tau(U_t,\boldsymbol{X}_t)))+(1-\tau)F_{y\mid u,x}(e_\tau(U_t,\boldsymbol{X}_t))\}\boldsymbol{X}_{t,2}\boldsymbol{X}_{t,2}^{\mathrm{T}}\mid U_t=u)],$$

其中，对于 $j\geqslant 0$，$\mu_j=\int u^jK(u)\,\mathrm{d}u$，$\nu_j=\int u^jK^2(u)\,\mathrm{d}u$。

接下来，我们将讨论推导渐近理论时所需的假设条件。需要说明的是，本书给出的假设是结论的充分条件，但并不保证其是最弱的。

假设 B：

B1：$\boldsymbol{b}(u)$ 是关于 u 的二次连续可导函数。$f_u(u)$ 连续可微且其支集为 $\{u:0<F_u(u)<1\}$。另外，条件密度函数 $f_{y\mid u,x}(\cdot)$ 有界并满足 Lipschitz 条件；

B2：核函数 $K(\cdot)$ 是非负、有界及对称的函数，且其具有紧支集(compact support)；

B3：窗宽 h_1 满足 $h_1\to 0$ 及 $nh_1^2\to\infty$；

B4：对于所有 $l\geqslant 1$，$|f(u,v\mid \boldsymbol{x}_0,\boldsymbol{x}_l)|\leqslant C<\infty$，其中 $f(u,v\mid \boldsymbol{x}_0,\boldsymbol{x}_l)$ 是 (U_0,U_l) 基于 $(\boldsymbol{X}_0,\boldsymbol{X}_l)$ 的条件期望；

B5：$\{(Y_t,\boldsymbol{X}_t,\boldsymbol{U}_t)\}_{t=1}^n$ 是一个 β-mixing 过程，其中对于部分 $\delta>0$，mixing 系数 $\beta(\cdot)$ 均满足 $\sum_{k=1}^{\infty}k^2[\beta(k)]^{\delta/(1+\delta)}<\infty$；

B6：对于部分 $\delta>0$，$E\|\boldsymbol{X}_t\|^{2(\delta+1)}<\infty$。另外，矩阵 $\boldsymbol{\Omega}(u_0)$ 和 $\boldsymbol{\Gamma}(u_0)$ 均在 u_0 领域内连续，且它们的逆均满足一致有界条件。

假设 C：

C1：对于 $\delta^*>\delta$，我们有 $E\|\boldsymbol{X}_{t,2}\|^{2(\delta^*+1)}<\infty$。另外，矩阵 $\boldsymbol{\Omega}_2(u_0)$、$\boldsymbol{\Gamma}_2(u_0)$ 和它们的逆均是一致有界的；

C2：存在一个正整数序列 s_n，当 $n\to\infty$ 时，我们有 $s_n\to\infty$，$s_n=o(\sqrt{nh_2})$，$\sqrt{nh_2}\beta(s_n)\to 0$；

C3：当 $n\to\infty$ 时，$h_2=h_2(n)\to 0$，同时我们有 $n^{1/2-\delta/4}h_2^{\delta/\delta^*-\delta/4-1/2}=O(1)$

和 $h_1/h_2 = o(1)$。

注：在这里，我们将讨论以上假设条件。首先，假设 B1 ~ B4 是非参数理论研究中的标准假设。在 Cai and Xiao(2012) 中也用到了假设 B5，这个假设比 Xie et al.(2014) 中的假设 A3 ~ A4 稍强，它保证了 $\tilde{\boldsymbol{a}}$ 的$\sqrt{n}$ 收敛性。假设(B6) 中的 $E\|\boldsymbol{X}_t\|^{2(\delta+1)} < \infty$ 通常是为了保证 mixing 过程中的大数律 $1/n\sum_{t=1}^{n}\boldsymbol{X}_t\boldsymbol{X}_t^{\mathrm{T}} \to E(\boldsymbol{X}_t\boldsymbol{X}_t^{\mathrm{T}})$ 成立。而矩阵 $\boldsymbol{\Omega}(u_0)$、$\boldsymbol{\Omega}_2(u_0)$、$\boldsymbol{\Gamma}(u_0)$ 和$\boldsymbol{\Gamma}_2(u_0)$ 及它们的逆的有界性是第一和第三阶段回归的模型识别的必要条件。同理，假设 C1 是第三阶段估计的必要条件。接下来，我们将讨论 mixing 系数 $\beta(n)$ 的取值范围，使其同时满足假设 B5 和 C2。假设 $h_2(n) = h_2 = O(Cn^{-\rho})(C > 0, 0 < \rho < 1)$，$s_n = (nh_2/\log n)^{1/2}$，$\beta(n) = O(n^{-d})$。那么，当 $d > 3/\delta(\delta+1)$ 时，假设(B5) 成立。而当$d > (1+\rho)/(1-\rho)$ 时，假设(C2) 满足。因此，如果我们同时有 $\beta(n) = O(n^{-d})$ 和 $d > \max\{3/[\delta(\delta+1)], (1+\rho)/(1-\rho)\}$，假设 B5 和 C2 均成立。假设 C3 是一个技术条件。很显然，如果当$\delta > 3$，或者当$2 < \delta < 3$时，满足$\delta < \delta^* \leqslant 1 + 1/(3-\delta)$，假设 C3 自动成立。具体细节请参见 Cai et al.(2000) 和 Cai(2002a)。

2. 渐近性质

我们将首先讨论常数系数估计量 $\tilde{\boldsymbol{a}}$ 的渐近性质。简单起见，在这一节中，我们仅展示大样本理论的结果，而将所有的技术细节放到第 4.6 节附录中。关于这个证明的主要思想是，在一定的条件下 $\hat{\boldsymbol{a}}(U_t)$ 可以转化成一个线性估计量加上一个高阶项。因此，估计量 $\tilde{\boldsymbol{a}}$ 可以表达成一个 U 统计量加上高阶项。通过使用 U 统计量的中心极限定理，最后可以得到关于估计量 $\tilde{\boldsymbol{a}}$ 的渐近正态性；具体细节见 Dette and Spreckelsen(2004)。在这里，我们将定义一些标号，其中 $\varphi(z_t, z_t) = Q'_\tau(Y_t - e_\tau(U_t, \boldsymbol{X}_t))$，$\boldsymbol{e}_1^{\mathrm{T}} = (\boldsymbol{I}_p, \boldsymbol{0}_{p\times q})$，$\boldsymbol{I}_p$ 代表p维单位矩阵，$\boldsymbol{0}_{p\times q}$ 代表$p\times q$维零矩阵，$\boldsymbol{\Gamma}'(\cdot)$ 和$f'_u(\cdot)$ 分别是$\boldsymbol{\Gamma}(\cdot)$ 和 $f_u(\cdot)$ 的一阶导数，而$\boldsymbol{b}''_\tau(\cdot)$ 代表$\boldsymbol{b}_\tau(\cdot)$ 的二阶导数。在接下来的定理中，

我们将展示 $\tilde{\boldsymbol{a}}_\tau$ 的渐近正态性。

定理 4.1　如果假设 B 成立，有

$$\sqrt{n}(\tilde{\boldsymbol{a}}_\tau - \boldsymbol{a}_\tau - B_a) \xrightarrow{\mathcal{L}} \mathcal{N}(0, \Sigma_a), \tag{4.2.3}$$

其中，偏误项 $B_a = \frac{1}{2}B_1^* h_1^2$，而

$$B_1^* = \frac{\mu_2}{\mu_0}\boldsymbol{e}_1^{\mathrm{T}}E\left[2(\boldsymbol{\Gamma}^{-1}(U_t)\boldsymbol{\Gamma}'(U_t) + f'_u(U_t)/f_u(U_t))\begin{pmatrix}0\\ \boldsymbol{b}_{\tau'}(U_t)\end{pmatrix} + \begin{pmatrix}0\\ \boldsymbol{b}''_\tau(U_t)\end{pmatrix}\right],$$

渐近方差为

$$\boldsymbol{\Sigma}_a = \frac{1}{\mu_0^2}\{E[\boldsymbol{e}_1^{\mathrm{T}}\boldsymbol{\Gamma}^{-1}(U_t)\boldsymbol{\Gamma}^*(U_t)\boldsymbol{\Gamma}^{-1}(U_t)e_1]n$$

$$+ 2\sum_{t=1}^{\infty}\mathrm{Cov}(\boldsymbol{e}_1^{\mathrm{T}}\boldsymbol{\Gamma}^{-1}(U_1)X_1\varphi(z_1, z_1), \boldsymbol{e}_1^{\mathrm{T}}\boldsymbol{\Gamma}^{-1}(U_{t+1})\boldsymbol{X}_{t+1}\varphi(z_{t+1}, z_{t+1}))\}.$$

从定理4.1可知，常数系数估计量 $\tilde{\boldsymbol{a}}$ 满足参数收敛速度。如果满足 $nh_1^4 \to 0$ 时，定理 4.1 中的渐近偏误项 B_a 将趋近于 0，那么有

$$\sqrt{n}(\tilde{\boldsymbol{a}}_\tau - \boldsymbol{a}_\tau) \xrightarrow{\mathcal{L}} \mathcal{N}(0, \boldsymbol{\Sigma}_a).$$

这说明为了得到以上关于 $\tilde{\boldsymbol{a}}_\tau$ 的渐近结果，我们必须保证步长满足 $nh_1^4 \to 0$ 这一不够平滑条件。

注：我们可以通过使用加权平均方法提高 $\tilde{\boldsymbol{a}}$ 的估计效率。由于 $\boldsymbol{a}$ 的估计可能受到 U_t 分布的尾部行为影响，与 Cai et al.(2000) 相似，这里可以考虑使用支集为 $U \in \mathcal{R}$ 的剪切函数(trimming function) $w_t = I(U_t \in U)$，得到以下加权平均估计量：

$$\boldsymbol{a}^w = \left(\sum_{t=1}^{n} w_t\right)^{-1}\sum_{t=1}^{n} w_t\,\hat{\boldsymbol{a}}(U_t).$$

由 Cai and Fan(2000)，我们可以得到一个通用的加权平均估计量

$$\check{\boldsymbol{a}} = \left(\sum_{t=1}^{n} W(U_t)\right)^{-1}\sum_{t=1}^{n} W(U_t)\,\hat{\boldsymbol{a}}(U_t),$$

如果选择加权函数中的最优值，那么可以得到一个更有效的估计量。在特定的约束条件下，如果 $\varphi(z_t, z_t)$ 是鞅差分序列，可得

$$\sqrt{n}(\check{\boldsymbol{a}}-\boldsymbol{a}) \xrightarrow{\mathcal{L}} \mathcal{N}(0,\check{\boldsymbol{\Sigma}}_a),$$

其中，$\check{\boldsymbol{\Sigma}}_a = 1/\mu_0^2 E^{-1}[W(U_t)]E[W(U_t)\ \boldsymbol{e}_1^{\mathrm{T}}\ \boldsymbol{\Gamma}^{-1}(U_t)\ \boldsymbol{\Gamma}^*(U_t)\ \boldsymbol{\Gamma}^{-1}(U_t)\ \boldsymbol{e}_1\ W(U_t)]E^{-1}[W(U_t)]$。如果选择以下加权函数：

$$W_{\mathrm{opt}}(U_t)=\mu_0^2\left[\boldsymbol{e}_1^{\mathrm{T}}\boldsymbol{\Gamma}^{-1}(U_t)\boldsymbol{\Gamma}^*(U_t)\boldsymbol{\Gamma}^{-1}(U_t)\boldsymbol{e}_1\right]^{-1},$$

那么可以证得其对应的渐近方差是最优且一致的，它的表达式如下：

$$\check{\boldsymbol{\Sigma}}_{a,\mathrm{opt}} = E^{-1}[W_{\mathrm{opt}}(U_t)].$$

接下来，我们将导出 $\tilde{\boldsymbol{b}}(u_0)$ 的渐近性质。为此，我们需要再定义一些标号。令

$$\boldsymbol{\Gamma}_2^*(u)=E[Q_\tau'^2(Y_t-e_\tau(U_t,\boldsymbol{X}_t))\boldsymbol{X}_{t,2}\boldsymbol{X}_{t,2}^{\mathrm{T}}\mid U_t=u],$$

$$\boldsymbol{\Sigma}(u)=f_u(u)\operatorname{diag}\{\nu_0,\nu_2\}\otimes\boldsymbol{\Gamma}_2^*(u).$$

随后，我们将介绍关于 $\tilde{\boldsymbol{b}}(u_0)$ 的定理。

定理 4.2 如果假设 B 和假设 C 同时成立，那么我们有

$$\sqrt{nh_2}\left(\tilde{\boldsymbol{b}}(u_0)-\boldsymbol{b}(u_0)-\frac{\mu_2h_2^2}{2\mu_0}\boldsymbol{b}''(u_0)\right)\xrightarrow{\mathcal{L}}\mathcal{N}(0,\boldsymbol{\Sigma}_{\boldsymbol{b}}(u_0)),$$

其中，$\boldsymbol{\Sigma}_{\boldsymbol{b}}(u_0)=\nu_0/(f_u(u_0)\mu_0^2)\ \boldsymbol{\Gamma}_2^{-1}(u_0)\ \boldsymbol{\Gamma}_2^*(u_0)\ \boldsymbol{\Gamma}_2^{-1}(u_0)$.

关于这个估计量的渐近结果与 Xie et al.（2014）中的非常相似。需要强调的是，因为定理 4.2 的结论与 $\boldsymbol{a}$ 已知时一致，那么这个渐近性质是 oracle 的。

4.2.4 假设检验

现在我们将重心转移到如何验证模型预设的变系数 $\boldsymbol{b}(\cdot)$ 是否为常数上。在实际应用中，常数系数检验非常有用，因为通过它可以判断变系数是否由特定的平滑变量决定。由于平滑变量的选择一般由经济理论决定，那么常数系数检验在这里就成为检验相关理论的工具。考虑一个零假设 H_0：

$$\boldsymbol{b}(u)=\boldsymbol{b}_0,$$

其中，$\boldsymbol{b}_0$ 为某个常数。根据 Cai and Xiao(2012)，容易通过证明得到

$$\| \sqrt{nh_2}\, \hat{\boldsymbol{\Sigma}}_{\boldsymbol{b}}^{-1/2}(u_j)(\tilde{\boldsymbol{b}}(u_j) - \hat{\boldsymbol{b}}_0) \|^2 \xrightarrow{\mathcal{L}} \chi^2(q),$$

其中，$\{u_j\}_{j=1}^{m_u}$ 是 U_t 的定义域内的 m_u 个不同的点，$\hat{\boldsymbol{b}}_0$ 是在零假设下求得的估计量，而 $\chi^2(q)$ 代表自由度为 q 的开方分布，q 为 $\boldsymbol{X}_{t2}$ 的维度。那么，一个简单且容易计算的检验统计量 T_n 由下式给出：

$$T_n = \sum_{1 \leqslant j \leqslant m_u} \| \sqrt{nh_2}\, \hat{\boldsymbol{\Sigma}}_b^{-1/2}(u_j)(\tilde{\boldsymbol{b}}(u_j) - \hat{\boldsymbol{b}}_0) \|^2 \xrightarrow{\mathcal{L}} \chi^2(m_u q). \quad (4.2.4)$$

由上式可知，该统计量在零假设下渐近服从开方分布。值得注意的是，它与 Cai and Xiao(2012) 中提出的统计量稍有区别，因为在这里我们对模运算符求和，而不是求最大值。如果想计算 T_n，我们需要计算关于 $\boldsymbol{\Sigma}_{\boldsymbol{b}}(u_0)$ 的一致估计量。由于 $\boldsymbol{\Sigma}_{\boldsymbol{b}}(u_0)$ 是 $\boldsymbol{D}^{-1}(u_0)\Sigma(u_0)\boldsymbol{D}^{-1}(u_0)$ 左上部的 $q \times q$ 维矩阵，其中 $\boldsymbol{D}(u) = f_u(u)\mathrm{diag}\{\mu_0, \mu_2\} \otimes \boldsymbol{\Gamma}_2(u)$，那么 $\hat{\boldsymbol{\Sigma}}_{\boldsymbol{b}}(u_0)$ 可以通过构建以下估计量求得。选择

$$\hat{\boldsymbol{D}}(u_0) = \frac{1}{nh_2} \sum_{t=1}^{n} K\left(\frac{U_t - u_0}{h_2}\right) Q''_\tau(Y_{t1}^* - \hat{\eta}(u_0, U_t, \boldsymbol{X}_t))\, \boldsymbol{Z}_{t,2}^* \boldsymbol{Z}_{t,2}^{*\mathrm{T}},$$

和

$$\hat{\boldsymbol{\Sigma}}(u_0) = \frac{1}{nh_2} \sum_{t=1}^{n} K^2\left(\frac{U_t - u_0}{h_2}\right) \hat{Q}_\tau'^2(Y_{t1}^* - \hat{\eta}(u_0, U_t, \boldsymbol{X}_t))\, \boldsymbol{Z}_{t,2}^* \boldsymbol{Z}_{t,2}^{*\mathrm{T}},$$

分别作为 $\boldsymbol{D}(u_0)$ 和 $\boldsymbol{\Sigma}(u_0)$ 的一致估计量，其中，$\hat{\eta}(u_0, U_t, \boldsymbol{X}_{t,2}) = \hat{\beta}^{\mathrm{T}}(u_0)\boldsymbol{Z}_{t,2}$，$\beta(u) = (\boldsymbol{b}^{\mathrm{T}}(u), \boldsymbol{b}'(u)^{\mathrm{T}})^{\mathrm{T}}$，$\boldsymbol{Z}_{t,2} = (\boldsymbol{X}_{t,2}^{\mathrm{T}}, \boldsymbol{X}_{t,2}^{\mathrm{T}}(U_t - u_0))^{\mathrm{T}}$，$\boldsymbol{Z}_{t,2}^* = (\boldsymbol{X}_{t,2}^{\mathrm{T}}, \boldsymbol{X}_{t,2}^{\mathrm{T}}(U_t - u_0)/h_2)^{\mathrm{T}}$。关于这两个定理的证明和相关的引理可见第 4.6 节附录。

注：上文介绍的检验步骤是一个渐近检验方法，它的优势在于其极限分布不包含多余的参数。值得提出的是，我们可以使用 Bootstrap 方法提高统计量的有限样本表现。关于以上检验方法的另外一个问题是 $\{u_j\}_{j=1}^{m}$ 的选择。在实际应用中，我们通常选择特定的分位点。然而，在有限样本条件下，关于 $\{u_j\}_{j=1}^{m_u}$ 的不同选择可能会导致不同的结论。如果选择 U_t 定义域内的所有点，那么我们可以构建一个 L_p 型统计量。这个想法将作为未来关于检验统计量的性质的课题进行研究。

4.3 蒙特卡洛模拟

在本节，我们将使用两个蒙特卡洛模拟来阐述本章提出的模型及相应估计量的有限样本表现。为了有效量化它们的表现，在这里我们选用了均方根误差(root mean squared errors, RMSE)作为对应的指标，并在结果中报告了 RMSE 的中值和标准差。$\tilde{b}_j(\cdot)$ 的 RMSE 的定义如下：

$$\mathrm{RMSE}_{b_j}=\left\{\frac{1}{G}\sum_{k=1}^{G}\left[\tilde{b}_j(u_k)-b_j(u_k)\right]^2\right\}^{\frac{1}{2}},\quad 1\leqslant j\leqslant q,$$

其中，$\{u_k\}_{k=1}^{G}$ 是格点。对于 $\tilde{a}_j$ 的 RMSE_{a_j}，它等于绝对值偏差，即为 $\mathrm{RMSE}_{a_j}=|\tilde{a}_j-a_j|$。在每个例子中，我们分别考虑3个不同的样本量：$n=200$、400 和 800，同时我们也考虑 3 个不同的概率水平，$\tau=0.25$、0.50 和 0.75。对于所有的样本量及不同的概率水平，模拟均重复500次。在生成 Y_t 序列时，我们将其初始值设置为零，并去除前100个生成的数据以消除初始值的影响。在选择第一步中使用的窗宽时，我们参考 Cai(2002b) 和 Cai and Xiao(2012) 的思想，设定 $h_1=d_1n^{-1/10}h_0$，以保证其不够平滑。上式中，$h_0=n^{-1/5}$，且 $d_1>0$ 是一个常数。第三阶段中窗宽的选择基于第4.2.2小节中提到的多层交叉验证准则。具体来说，我们设定 $h_2=d_2n^{-1/5}$，其中 d_2 在 0.005 ~ 0.2 范围内均匀取值，然后我们选择其中使得式(4.2.2)达到最小值的 d_2 作为最优解。

对于每个模拟，我们参考 Kuan et al.(2009) 和 Xie et al.(2014)，将分位数模型和期望分位数模型对极端值的敏感程度进行了对比。具体来说，我们主要考虑极端值生成的两种情形。在概率为 $1-P$ 的条件下，ε_t 由分布 $N(0,1/\sqrt{1-P})$ 生成，而概率 P 条件下由 $N(c,1/\sqrt{P})$ 独立生成。在情形一下，$P=0.01$ 及 $\tau=\theta=0.05$；而在情形二下，$P=\tau=\theta=0.01$。在这里，θ 代表分位数回归的概率水平，c 在 $-1\sim-50$ 范围内取值。在两种情形下，我们均只考虑样本量 $n=800$ 的情况。

[模拟实例 4.1]　本例的数据生成方式见下式：

$$Y_t = a_1 Y_{t-1} + b_1(U_t) Y_{t-2} + \varepsilon_t, \quad t = 1, \cdots, n,$$

其中，$a_1 = 0.5$，$b_1(U_t) = -0.75 + 0.5\cos(\sqrt{2}\pi U_t)$，$U_t$ 由均匀分布 $U(-1,1)$ 随机生成，另外 ε_t 服从 i.i.d.$N(0,1)$。在此例中，期望分位数模型为 $e_\tau(Y_t) = e_\tau(\varepsilon_t) + a_1 Y_{t-1} + b_1(U_t) Y_{t-2}$。

表 4.1　蒙特卡洛模拟实例 4.1 的估计结果

n	d_1	$\tau = 0.25$		$\tau = 0.50$		$\tau = 0.75$	
		RMSE_{a_1}	RMSE_{b_1}	RMSE_{a_1}	RMSE_{b_1}	RMSE_{a_1}	RMSE_{b_1}
200	0.5	0.0511	0.1381	0.0533	0.1403	0.0604	0.1385
		(0.0485)	(0.0553)	(0.0448)	(0.0502)	(0.0494)	(0.0481)
	1	0.0508	0.1408	0.0531	0.1319	0.0561	0.1395
		(0.0495)	(0.0484)	(0.0413)	(0.0496)	(0.0481)	(0.0502)
	2	0.0533	0.1343	0.0479	0.1356	0.0588	0.1358
		(0.0491)	(0.0517)	(0.0453)	(0.0479)	(0.0480)	(0.0487)
400	0.5	0.0387	0.1044	0.0373	0.1015	0.0382	0.1034
		(0.0372)	(0.0338)	(0.0318)	(0.0345)	(0.0328)	(0.0350)
	1	0.0388	0.1070	0.0335	0.1028	0.0407	0.1086
		(0.0343)	(0.0328)	(0.0305)	(0.0346)	(0.0153)	(0.0342)
	2	0.0380	0.1050	0.0332	0.1028	0.0384	0.1055
		(0.0339)	(0.0350)	(0.0294)	(0.0318)	(0.0336)	(0.0367)
800	0.5	0.0264	0.0836	0.0247	0.0835	0.0291	0.0858
		(0.0254)	(0.0238)	(0.0213)	(0.0244)	(0.0246)	(0.0239)
	1	0.0264	0.0836	0.0257	0.0814	0.0282	0.0842
		(0.0254)	(0.0238)	(0.0220)	(0.0228)	(0.0234)	(0.0250)
	2	0.0256	0.0822	0.0244	0.0828	0.0263	0.0838
		(0.0237)	(0.0258)	(0.0215)	(0.0239)	(0.0228)	(0.0242)

注：括号的数字代表估计量 RMSE 的标准差。

表4.1中报告了在所有情形下，$\tilde{a}_1$($RMSE_{a_1}$)和$\tilde{b}_1$($RMSE_{b_1}$)的RMSE值的中位数和标准差。首先，我们可以观察到，当样本递增时,RMSE的中位数和标准差均有明显的递减趋势。举例来说，当$\tau = 0.50$时，在样本量为$n = 400$情况下，$RMSE_{a_1}$的中位数和标准差分别为0.037和0.032，而在样本量加倍时，它们分别降到0.023和0.021。关于$RMSE_{b_1}$，我们可以得到相同的结论。具体而言，当$\tau = 0.50$且样本量为400的情形下，它的中位数为0.102而相应的标准差为0.035。而在样本量增加到800时，中位数及其标准差分别降低到0.084和0.024。另外，表4.1还报告了h_1取值的不同对$\tilde{a}_1$和$\tilde{b}_1$估计的影响。由表4.1可知，当h_1不够平滑时，关于d_1在合理区间里的不同选择对$\tilde{a}_1$和$\tilde{b}_1$的估计影响较小。例如，当$\tau = 0.25$且样本量为800时，$RMSE_{b_1}$在d_1取值为0.5、1及2时的中位数分别为0.0836、0.0836和0.0822。关于d_1对标准差的影响也有类似的结论。

图4.1所示是分位数及期望分位数模型对尾部灾难事件的敏感程度。

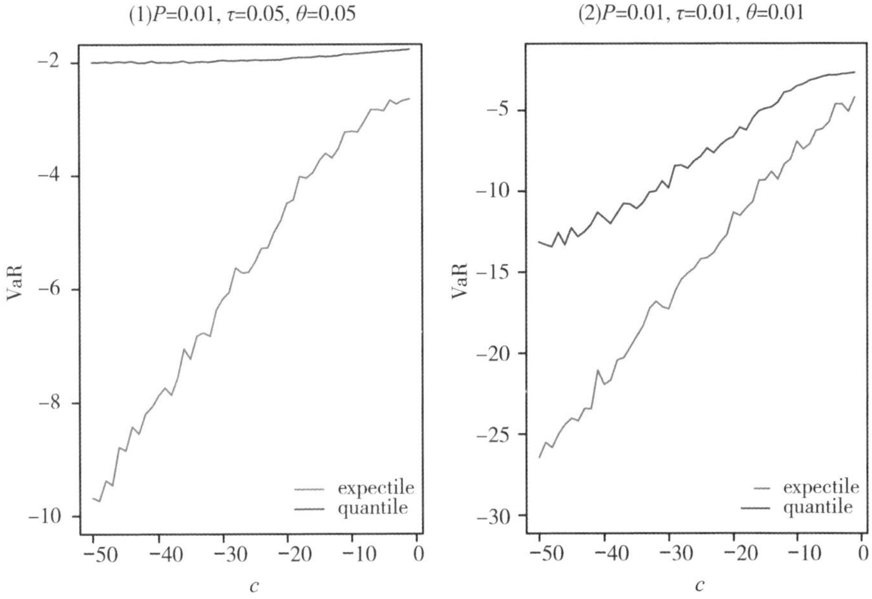

图4.1 模拟实例1中极端值敏感程度测试结果①

① 本图彩色版见书末彩插图3。

左图报告的是情形一下当 $P=0.01$ 和 $\tau=\theta=0.05$ 的结果。从中我们可以观察到期望分位数对 c 值的改变非常敏感，而分位数的估计结果在 c 减少时变化不大。在右图中情形二下，此时 $P=\tau=\theta=0.01$，这两个值都随着 c 改变而变化。然而，对于每个 c，关于期望分位数的变化程度要远大于分位数。这里得到的结果与 Kuan et al.(2009) 和 Xie et al.(2014) 中一致。

[模拟实例 4.2]　在这个模拟中，我们考虑以下数据生成过程：

$$Y_t = a_1 X_{t,1} + b_1(U_t) X_{t,2} + \sigma(U_t)\varepsilon_t,\quad t=1,\cdots,n,$$

其中，$a_1=0.5$，$b_1(U_t)=\cos(\sqrt{2}\pi U_t)$，而 $\sigma(U_t)=\exp(-4(U_t-1)^2)+\exp(-5(U_t-2)^2)$。这里 $X_{t,1}$ 和 $X_{t,2}$ 分别由式 $X_{t,1}=0.75X_{t-1,1}+v_{t,1}$ 和 $X_{t,2}=-0.5X_{t-1,2}+v_{t,2}$ 生成，其中 $v_{t,1}\sim \text{i.i.d.}N(0,1)$ 及 $v_{t,2}\sim \text{i.i.d.}N(0,1/4)$，$U_t$ 满足 $U_t=0.5U_{t-1}+v_{t,3}$ 且 $v_{t,3}\sim \text{i.i.d.}N(0,1)$，另外 $\varepsilon_t\sim \text{i.i.d.}N(0,1/4)$。此例对应的期望分位数回归模型由 $e_\tau(Y_t \mid X_{t,1},X_{t,2},U_t)=e_\tau(\varepsilon_t)\sigma(U_t)+a_1X_{t,1}+b_1(U_t)X_{t,2}$ 给出。

表 4.2 列出了模拟实例 4.2 中 RMSE 值得中位数和标准差。首先，和实例 4.1 相似，我们可以观察到当样本递增时，RMSE 的中位数和标准差均有明显的递减趋势。例如，当样本量从 200 增加到 400 时，$\tau=0.50$ 情形下时 RMSE_{a_1} 和 RMSE_{b_1} 的中位数分别从 0.0198 和 0.1324 分别减少到 0.0057 和 0.0684。而当样本量从 200 增加到 800 时，标准差也分别从 0.0331 和 0.0514 减少到 0.0052 和 0.0200。我们同样可以观察到 RMSE_{a_1} 的收敛速度比 RMSE_{b1} 快，由于前者以参数速度而后者以非参数的速度收敛。图 4.2 所示为模拟实例 4.2 中分位数及期望分位数对灾难事件的敏感度分析结果，其中左图为情形一，右图代表情形二。这一结果与图 4.1 中观察的一致。由以上两个模拟实例可知，期望分位数模型对 c 值的敏感程度远比分位数模型高。这也从侧面证明了在极端事件出现时，期望分位数相比分位数而言，是一个更好的风险测度指标。

表 4.2 蒙特卡洛模拟实例 4.2 的估计结果

n	$\tau=0.25$		$\tau=0.50$		$\tau=0.75$	
	$RMSE_{a1}$	$RMSE_{b1}$	$RMSE_{a1}$	$RMSE_{b1}$	$RMSE_{a1}$	$RMSE_{b1}$
200	0.0207	0.1365	0.0198	0.1324	0.0207	0.1383
	(0.0273)	(0.0535)	(0.0331)	(0.0514)	(0.0259)	(0.0565)
400	0.0094	0.0999	0.0104	0.0925	0.0105	0.0984
	(0.0273)	(0.0535)	(0.01 10)	(0.0322)	(0.0136)	(0.0336)
800	0.0061	0.0699	0.0057	0.0684	0.0058	0.0716
	(0.0056)	(0.0235)	(0.0052)	(0.0200)	(0.0056)	(0.0219)

注：括号中的数字代表估计量 RMSE 值的标准差。

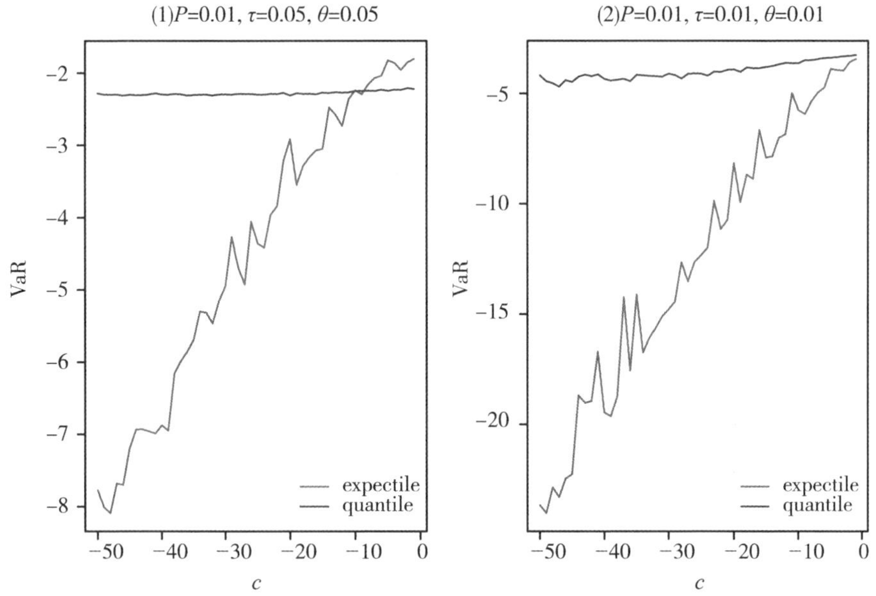

图 4.2 模拟实例 2 中极端值敏感程度测试结果①

① 本图彩色版见书末彩插图 4。

4.4 实证研究

在本节中，我们将使用本书提出的期望分位数模型对 S&P500 指数的日收益率数据进行研究，以说明其实际应用价值。具体而言，该数据集的样本区间为从 2010 年 1 月 4 日至 2017 年 12 月 7 日，总共包括 2000 个观测值，所有数据均来自雅虎金融（Yahoo Finance）。收益率的计算采用 S&P500 指数的指数差分并乘以 100，即为 $Y_t = 100 \cdot \log(p_t/p_{t-1})$，其中 p_t 是第 t 日的指数价格。

表 4.3　S&P500 收益率序列的描述统计量

均值	最小值	中位数	最大值	标准差	偏度	峰度
0.0425	−6.8958	0.0535	4.6317	0.9320	−0.4621	4.7855

表 4.3 列出了收益率序列的描述统计量，其中收益的样本均值接近于 0，且其相比标准正态分布具有尖峰和左偏的特点。图 4.3 所示为 S&P500

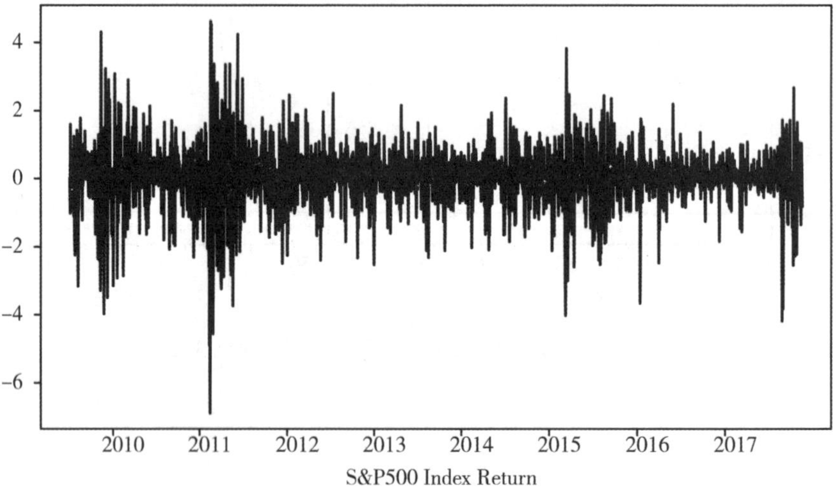

图 4.3　S&P500 股指收益率的时间序列图

指数收益率的时间序列图。在 2010—2012 年金融危机行将结束而经济正在复苏之时，数据中出现了较多极端值，这也是我们采用期望分位数而不是分位数模型的原因之一。在 2012—2015 年，美股市场较为平静，而 S&P500 指数的波动幅度较小。

为了对以上金融数据建模，Kuan et al.(2009)分别提出了 ABS(2)模型：

$$e_{t,\tau} = a_{0,\tau} + \delta_{1,\tau} Y_{t-1}^{+} + \lambda_{1,\tau} Y_{t-1}^{-} + \delta_{2,\tau} Y_{t-2}^{+} + \lambda_{2,\tau} Y_{t-2}^{-},$$

其中，$v^{+} = \max(v,0)$，$v^{-} = \max(-v,0)$，以及 SQ(2) 模型

$$e_{t,\tau} = a_{0,\tau} + a_{1,\tau} Y_{t-1} + b_{1,\tau}(Y_{t-1}^{+})^2 + \gamma_{1,\tau}(Y_{t-1}^{-})^2 + b_{2,\tau}(Y_{t-2}^{+})^2 + \gamma_{2,\tau}(Y_{t-2}^{-})^2.$$

这两个模型可以有效捕捉金融数据尾部风险中的非对称性。另外，Xie et al.(2014) 提出使用变系数模型拟合汇率数据，模型形式为

$$e_{\tau}(U_t, X_t) = b_{0,\tau}(U_t) + b_{1,\tau}(U_t) Y_{t-1} + b_{2,\tau}(U_t) Y_{t-2}.$$

然而，这个模型无法刻画 ABS(2) 和 SQ(2) 模型所强调的非对称效应。为了捕捉这种非对称性，我们将 Kuan et al.(2009) 和 Xie et al.(2014) 中的模型一般化，并考虑以下模型形式：

$$\begin{aligned} e_{\tau}(U_t, X_t) = {} & b_{0,\tau}(U_t) + b_{1,\tau}(U_t) Y_{t-1}^{+} + b_{2,\tau}(U_t) Y_{t-1}^{-} \\ & + b_{3,\tau}(U_t) Y_{t-2}^{+} + b_{4,\tau}(U_t) Y_{t-2}^{-}. \end{aligned} \tag{4.4.1}$$

在对式(4.4.1)中模型进行估计之前，我们首先提出两点问题。第一个问题是如何选择 U_t。在 4.2.2 节中我们曾对此进行讨论，选择 U_t 在实际应用中非常重要。然而，Xie et al.(2014) 没有从理论或实证上介绍选择 U_t 的方法。在本实证案例中，我们也没有关于选择 U_t 的任何背景知识。在此，我们考虑选择 Y_t 的滞后值，如 Y_{t-1} 或 Y_{t-2} 等，作为 U_t 的备选集。最后，本书使用4.2.2 节中提到的数据驱动方法来选择最优的 U_t。由表 4.4 中给出的 AAMSE 的结果，最终我们选择 $U_t = Y_{t-1}$。

表 4.4 平滑变量选择结果

AAMSE	0.005	0.01	0.05	0.1
$U_t = Y_{t-1}$	0.2492	0.3143*	0.6329*	0.8588*
$U_t = Y_{t-2}$	0.2399*	0.3339	0.6474	0.8610

注：* 代表该值对应的 AAMSE 更小。

第二个问题涉及式(4.4.1)给出的完全变系数模型是否合理。为了研究这个问题，我们在 4.2.2 节中提出了一种简单且易于操作的检验方法来选择哪些变量的系数是真实的变系数。表 4.5 列出了所有系数在四种概率水平，$\tau=0.005$、0.01、0.05 及 0.1 的常数系数检验结果。由此表可知，在所有概率水平下，我们都不能拒绝 $b_{3,\tau}(\cdot)$ 为常系数的假设。

表 4.5　变系数模型(4.6)常数系数检验结果

τ	0.005	0.01	0.05	0.1
$b_{0,\tau}$	0.0005	0.0000	0.0000	0.0000
$b_{1,\tau}$	0.0031	0.0000	0.0000	0.0000
$b_{2,\tau}$	0.9410	0 .0000	0.0000	0.0000
$b_{3,\tau}$	0.8520	0.2826	0.9693	0.9987
$b_{4,\tau}$	0.0119	0.0000	0.0001	0.0210

因此，基于表 4.4 和表 4.5 的结果，我们最终选择以下部分变系数(partially varying coefficient，PVC)模型：

$$e_\tau(U_t,X_t)=a_{0,\tau}Y_{t-2}^{+}+b_{0,\tau}(U_t)+b_{1,\tau}(U_t)Y_{t-1}^{+}++b_{2,\tau}(U_t)Y_{t-1}^{-}+b_{3,\tau}(U_t)Y_{t-2}^{-},$$

其中，$U_t=Y_{t-1}$。

接下来，在图4.4和图4.5所示为PVC模型在$\tau=0.005$、0.01、0.05及0.1情况下所有系数的估计曲线。为了研究正负收益对期望分位数的不同影响，即非对称效应，我们将估计系数的曲线图两两并排展示，以获得更好的效果。例如，我们观测到 Y_{t-1}^{+}(左) 和 Y_{t-1}^{-}(右) 对期望分位数的影响效果，分别由 $b_{1,\tau}(Y_{t-1})$(左) 和 $b_{2,\tau}(Y_{t-1})$(右) 测度，展现了明显的非对称效应。这是因为在 $Y_{t-1}\in(-1,0)$ 区间内的所有概率水平下，$b_{1,\tau}(Y_{t-1})$ 都大于0，而同时$b_{2,\tau}(Y_{t-1})$的值均为负。然而，当$Y_{t-1}\in(0,1)$时，Y_{t-1}^{+}和Y_{t-1}^{-}的影响虽然量级可能不是完全一致，从形状上看确是近似对称的。

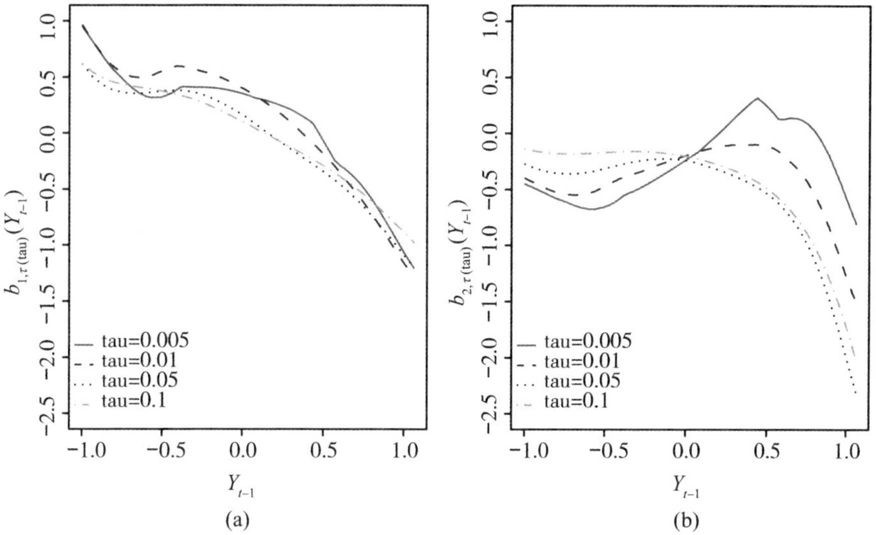

图 4.4　PVC 模型中函数系数 $b_{1,r}(\cdot)$ 和 $b_{2,r}(\cdot)$ 的估计曲线图

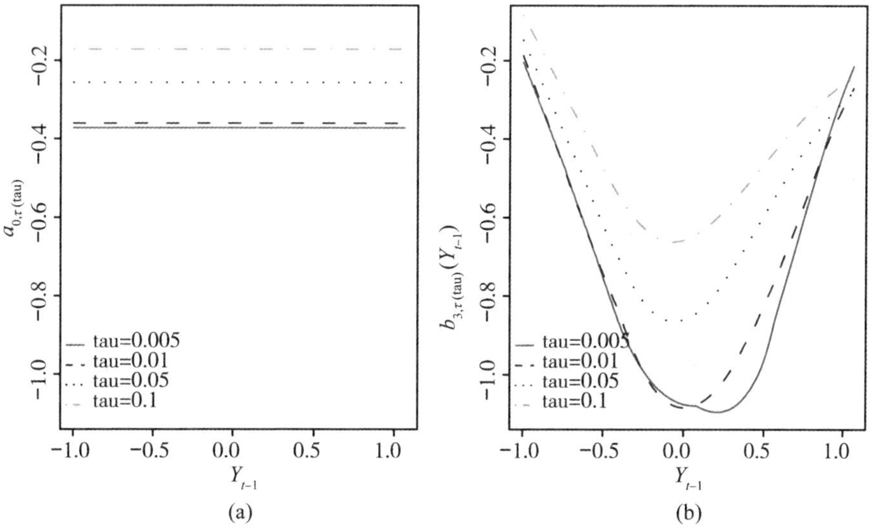

图 4.5　PVC 模型中常数系数 $a_{0,r}$ 和函数系数 $b_{3,r}(\cdot)$ 的估计曲线图

在图4.5中我们可以清楚地看到，分别由 $a_{0,\tau}$ 和 $b_{3,\tau}(Y_{t-1})$ 测度的解释变量 Y_{t-2}^{+} 及 Y_{t-2}^{-} 的影响效应均为负值。这一发现与Kuan et al.(2009)中得到的结果一致，尽管我们研究的样本区间不同。值得提出的是，函数系数 $b_{3,\tau}(Y_{t-1})$ 在 Y_{t-1} 等于0时达到最小值。

最后，我们将比较PVC模型与ABS(2)和SQ(2)模型的预测能力。正如Campbell(2005)及之后的文献所述，当我们在评估VaR模型预测的准确性时，需要考虑常用的样本外覆盖率测试(coverage test)以外的方法。因此，在这里我们选择Ehm et al.(2016)提出使用的Murphy图。Murphy图描绘了不同期望分位数预测模型期望得分的表现情况，其中期望得分是通过以下的得分函数计算：

$$S(e_{\tau},Y)=\frac{1}{n}\sum_{t=1}^{n}S_{\tau,\omega}(e_{t,\tau},Y_{t}),$$

其中，$e_{t,\tau}$ 是样本$\{Y_{t-1}\}$的期望分位数的一步向前预测值，而 $S_{\tau,\omega}(e_{t,\tau},Y_{t})$ 是由下式给出：

$$\begin{aligned}S_{\tau,\omega}(e_{t,\tau},Y_{t}) &= |I(Y_{t}<e_{t,\tau})-\tau| \\ &\quad \{(Y_{t}-\omega)^{+}-(e_{t,\tau}-\omega)^{+}-(Y_{t}-e_{t,\tau})I(\omega<e_{t,\tau})\} \\ &= \begin{cases}(1-\tau)(\omega-Y_{t}), & Y_{t}\leqslant\omega<e_{t,\tau}, \\ \tau(Y_{t}-\omega), & e_{t,\tau}\leqslant\omega<Y_{t}, \\ 0, & \text{其他}.\end{cases}\end{aligned}$$

在估计模型(4.4.1)时，我们使用了4.2.2节中介绍的三步法。其中，在进行局部线性估计时，我们选择了正态核函数，并在第三阶段回归时使用4.2.2节介绍的窗宽选择方法。另外，为了得到一系列的预测值，我们进行了滚动回归，样本长度为 $N=1500$。图4.6所示为在 τ 分别在0.005,0.01,0.05,0.1概率水平下的期望分位数预测值，可以看出，我们的模型(图中红色曲线)最为稳健。另外，图4.7所示为不同概率水平下3个模型的Murphy图。

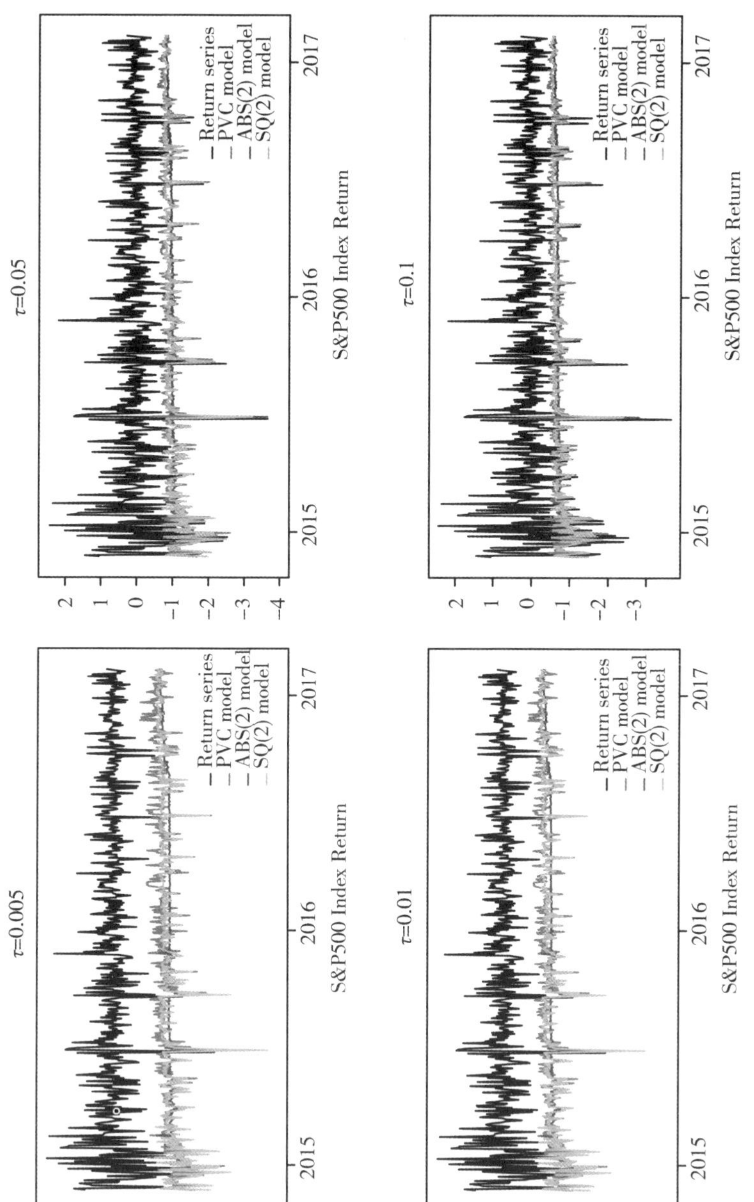

图4.6 四种概率水平下以上模型的期望分位数预测值①

①本图彩色版见书末彩插图 5。

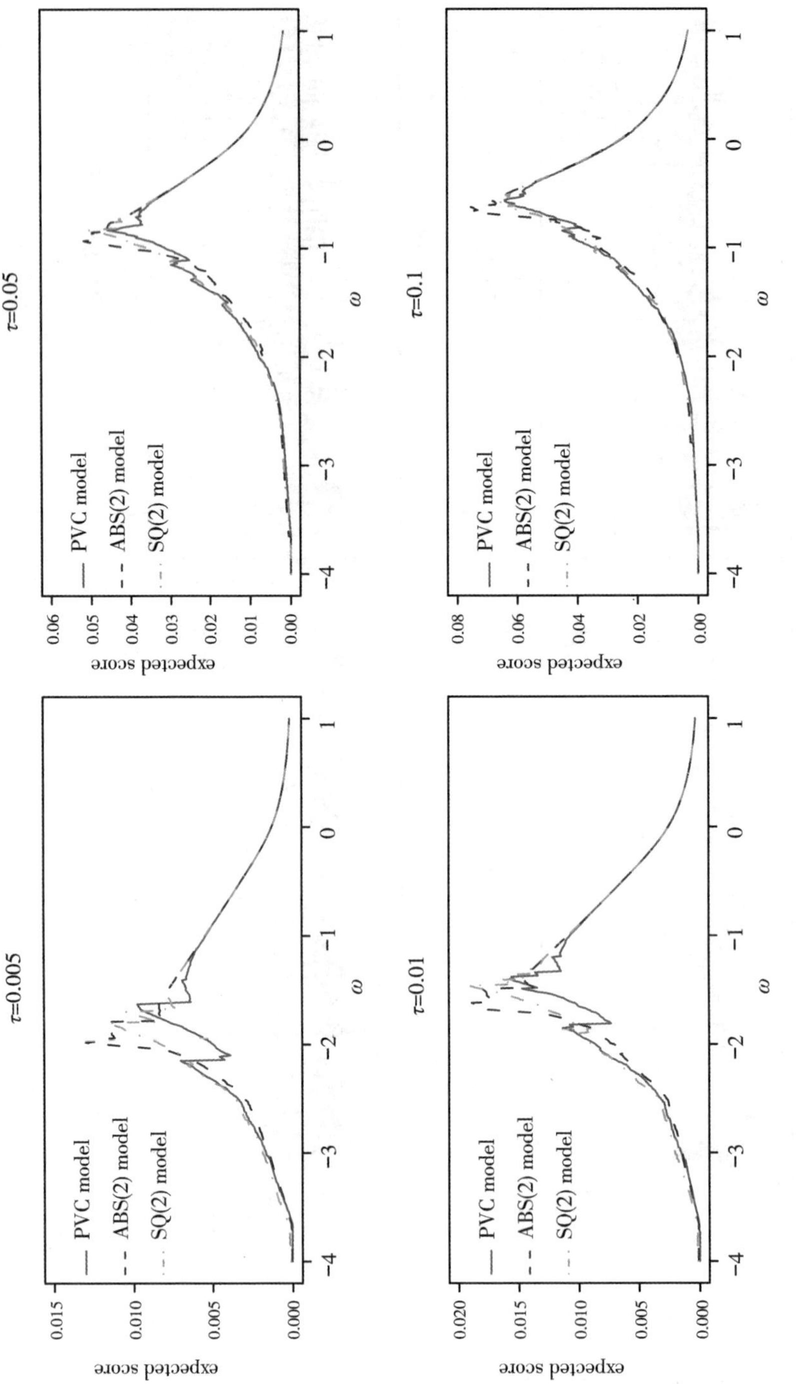

图4.7　四种概率水平下以上模型的预测值的Murphy图

我们可以发现，在所有情形下，PVC 模型的表现都优于另外两个模型。实证结果表明，在该数据集下，我们的 PVC 模型相比 ABS 和 SQ 模型，是一个更优的选择。

4.5 本章小结

在本章中，我们提出了一族部分变系数期望分位数模型，并介绍了用于估计该模型常数系数和变系数的三步法。我们还证明了其中的常数系数和函数系数的渐近性质。另外，为了提高估计效率，一系列加权平均估计量被提出。接下来，我们还介绍了一个检验模型中变系数是否为常系数的检验统计量。在蒙特卡洛模拟中，结果进一步确认了期望分位数模型相比分位数模型对极端值更敏感。通过使用 S&P500 收益率数据，我们验证了本章提出的模型的实用性。结果表明，使用 4.2.2 小节中提出的平滑变量及窗宽选择方法得到的部分变系数模型比其他模型的预测效果更好。对于未来的研究，我们将考虑解释变量包含期望分位数滞后变量的问题。这个模型采用的是著名的 CAViaR 模型的建模方法，因此，在实际研究中有更大的应用。另外，由于期望分位数不可观测，这个研究的估计方法与本章讨论的模型有很重要的区别，我们将会在下一章进一步讨论。

4.6 附录

4.6.1 定理证明

1. 标号及定义

在这里，根据后续证明的需要，我们将介绍一些新的标号和定义。令 $z_t = (U_t, \boldsymbol{X}_t, Y_t)$，$\boldsymbol{S}(z_t) = \mu_0 f_u(U_t)\boldsymbol{\Gamma}(U_t)$，$Z(u_0, z_t) = Q'_\tau(\tilde{Y}_t)\boldsymbol{X}_t K_{h_1}(U_t -$

$u_0)$，其中 $\widetilde{Y}_t = Y_t - \boldsymbol{a}^{\mathrm{T}}(u_0)\boldsymbol{X}_{1,t} - \boldsymbol{b}^{\mathrm{T}}(u_0)\boldsymbol{X}_{2,t}$。

定义：

$$\hat{\boldsymbol{\theta}} = \sqrt{nh_1}\{\hat{a}_1(u_0) - a_1(u_0),\cdots,\hat{a}_p(u_0) - a_p(u_0),\hat{b}_1(u_0) - b_1(u_0),\cdots,\hat{b}_q(u_0) - b_q(u_0)\}^{\mathrm{T}},$$

则我们有 $\hat{\boldsymbol{a}}^{\mathrm{T}}(u_0)\boldsymbol{X}_{1,t} + \hat{\boldsymbol{b}}^{\mathrm{T}}(u_0)\boldsymbol{X}_{2,t} = \boldsymbol{a}(u_0)\boldsymbol{X}_{1,t} + \boldsymbol{b}(u_0)\boldsymbol{X}_{2,t} + \hat{\boldsymbol{\theta}}^{\mathrm{T}}\boldsymbol{X}_t/\sqrt{nh_1}$，而且 $\hat{\boldsymbol{\theta}}$ 最小化以下方程：

$$\Psi_n(\boldsymbol{\theta}) \equiv \sum_{t=1}^{n}[Q_\tau(\widetilde{Y}_t - \boldsymbol{\theta}^{\mathrm{T}}\boldsymbol{X}_t/\sqrt{nh_1}) - Q_\tau(\widetilde{Y}_t)]K\left(\frac{U_t - u_0}{h_1}\right).$$

2. 定理 4.1 证明

为了证明定理 4.1，我们首先将导出第一阶段估计量的局部 Bahadur 表达。由引理 4.1 及 Pollard(1991) 的凸性定理，对于紧集 $\mathcal{K}_1$ 中的 $\boldsymbol{\theta}$，$\hat{\boldsymbol{\theta}}$ 可以被表达为

$$\hat{\boldsymbol{\theta}} = \boldsymbol{S}^{-1}(u_0)\boldsymbol{W}_n/\sqrt{nh_1} + o_p(1), \tag{4.6.1}$$

其中，$\boldsymbol{W}_n = \sum_{t=1}^{n} Q_{\tau'}(\widetilde{Y}_t)K\left(\frac{U_t - u_0}{h_1}\right)\boldsymbol{X}_t$。另外，对于任意 u_0 且在假设 B 的条件下，由式(4.6.1) 可得

$$\begin{aligned}\hat{\boldsymbol{a}}(u_0) - \boldsymbol{a}(u_0) &\approx \frac{1}{n}\sum_{t=1}^{n}\boldsymbol{e}_1^{\mathrm{T}}\boldsymbol{S}^{-1}(u_0)Q_{\tau'}(\widetilde{Y}_t)K\left(\frac{U_t - u_0}{h_1}\right)\boldsymbol{X}_t \\ &= \frac{1}{n}\sum_{t=1}^{n}\boldsymbol{e}_1^{\mathrm{T}}\boldsymbol{S}^{-1}(u_0)Z(u_0,z_t).\end{aligned}$$

接下来，使用留一法(leave-one-out method) 可以得到在任意点 U_s，即

$$\hat{\boldsymbol{a}}(U_s) - \boldsymbol{a}(U_s) \approx \frac{1}{n}\sum_{t\neq s}^{n}\boldsymbol{e}_1^{\mathrm{T}}\boldsymbol{S}^{-1}(z_s)Z(z_s,z_t),$$

那么，

$$
\begin{aligned}
\tilde{\boldsymbol{a}} - \boldsymbol{a} &= \frac{1}{n}\sum_{t=1}^{n}\{\hat{\boldsymbol{a}}(U_t) - \boldsymbol{a}(U_t)\} \\
&\approx \frac{2}{n^2}\sum_{1\leqslant s<t\leqslant n}^{n} \boldsymbol{e}_1^{\mathrm{T}}\boldsymbol{S}^{-1}(z_s)Z(z_s,z_t) \\
&= \frac{1}{n^2}\sum_{1\leqslant s<t\leqslant n}^{n}\{\boldsymbol{e}_1^{\mathrm{T}}\boldsymbol{S}^{-1}(z_s)Z(z_s,z_t) + \boldsymbol{e}_1^{\mathrm{T}}\boldsymbol{S}^{-1}(z_t)Z(z_t,z_s)\} \\
&= \frac{n-1}{2n}\mathbb{U}_n,
\end{aligned}
$$

令 $h_n(z_s,z_t) = \boldsymbol{e}_1^{\mathrm{T}}\boldsymbol{S}^{-1}(z_s)Z(z_s,z_t) + \boldsymbol{e}_1^{\mathrm{T}}\boldsymbol{S}^{-1}(z_t)Z(z_t,z_s)$，我们有

$$
\mathbb{U}_n = \frac{2}{n(n-1)}\sum_{1\leqslant s<t\leqslant n} h_n(z_s,z_t).
$$

为了推导关于 $\tilde{\boldsymbol{a}}$ 的渐近性质，我们需要证明 $\mathbb{U}_n$是一个关于非退化相依(non-degenerate dependent) 核函数 $h_n(z_s,z_t)$ 的 U 统计量。使用 Lee (1990) 中的 Hoeffding 分解，我们有

$$
\mathbb{U}_n = \gamma_n + 2H_n^{(1)} + H_n^{(2)}, \tag{4.6.2}
$$

其中，$H_n^{(1)} = \sum_{t=1}^{n} h_n^{(1)}(z_t)/n, H_n^{(2)} = \sum_{t\neq s} h_n^{(2)}(z_s,z_t)/n(n-1)$，及 $\gamma_n = E[h_n(z_s, z_t)]$，而 $h_n^{(1)}(v)$ and $h_n^{(2)}(v,w)$ 由 $h_n^{(1)}(v) = E[h_n(v,z_t)] - \gamma_n$ 和 $h_n^{(2)}(v,w) = h_n(v,w) - E[h_n(v,z_t)] - E[h_n(z_s,w)] + \gamma_n$ 定义。

引理 4.1 在假设 B 的条件下，当 $n\to\infty$ 时，我们有

$$
\Psi_n(\boldsymbol{\theta}) = \frac{1}{2}\boldsymbol{\theta}^{\mathrm{T}}S(u_0)\boldsymbol{\theta} - \frac{1}{\sqrt{nh_1}}\mathbf{W}_n^{\mathrm{T}}\boldsymbol{\theta} + r_n(\boldsymbol{\theta}),
$$

其中，对于任意紧集 K_1，$\boldsymbol{S}(u_0) = f_u(u_0)\mu_0\boldsymbol{\Gamma}(u_0)$，$\sup_{\theta\in K_1}|r_n(\boldsymbol{\theta})| = o_p(1)$。

引理 4.2 在假设 B 的条件下，当 $n\to\infty$ 时，有

$$
\begin{aligned}
C_n \equiv \max\{ &\sup_{s\neq t,i\neq j,t\neq j} E\,|h_n(z_s,z_t)h_n(z_i,z_j)|^{1+\delta}, \\
&\sup_{s\neq t,i\neq j,t\neq j} E^{1\otimes}\,|h_n(z_s,z_t)h_n(z_i,z_j)|^{1+\delta} \\
&\sup_{s\neq t,i\neq j,t\neq j} E^{3\otimes}\,|h_n(z_s,z_t)h_n(z_s,z_j)|^{1+\delta}, \\
&\sup_{s\neq t,i\neq j,t\neq j} E^{2\otimes}\,|h_n(z_s,z_t)h_n(z_s,z_j)|^{1+\delta}\} \\
= O(&h_1^{-2(1+\delta)}),
\end{aligned}
$$

其中，$h_1 \to 0$，$nh_1^2 \to \infty$。另外，对于 $s_1 < s_2 < s_3 < s_4$，$E^{1\otimes}, E^{2\otimes}$，$E^{3\otimes}$ 分别代表关于 $P_{z_{s_1}} \otimes P_{z_{s_2}, z_{s_3}, z_{s_4}}$，$P_{z_{s_1}, z_{s_2}} \otimes P_{z_{s_3}}$ 和 $P_{z_{s_1}, z_{s_2}, z_{s_3}} \otimes P_{z_{s_4}}$ 的期望。

引理 4.3　在假设 B 的条件下，当 $n \to \infty$ 时，有

(1) $E \mid h_n^{(1)}(z_s) \mid^4 = O(1)$；

(2) $E \mid h_n^{(2)}(z_s, z_t) \mid^2 = o(h_1^{-1})$。

引理 4.4　在假设 B 的条件下，当 $n \to \infty$ 时，有

(1) $\gamma_n = B_1^* h_1^2 + o(h_1^2)$；

(2) $n\mathrm{Var}(H_n^{(1)}) = \boldsymbol{\Sigma}_a + o(1)$，

其中，$\boldsymbol{\Sigma}_a \equiv \boldsymbol{\Sigma}_a^* + 2\sum_{s=1}^{n-1} \mathrm{Cov}(h_n^{(1)}(z_1), h_n^{(1)}(z_{s+1}))$。

我们使用 Dette and Spreckelsen(2004) 中的定理 2 来建立估计量的渐近性质。首先，易知核函数 $h_n(z_s, z_t)$ 满足 Dette and Spreckelsen(2004) 中定理 2 的假设，那么我们只需要验证相应的条件。在引理 4.2 中，我们验证并证明了条件 Ⅰ。引理 4.3 的提出是为了证明条件 Ⅱ，由这两个引理可知

$$\frac{\mathbb{U}_n - E^{\otimes}(\mathbb{U}_n)}{\sqrt{\mathrm{Var}(\mathbb{U}_n)}} \xrightarrow{\mathcal{L}} \mathcal{N}(0,1),$$

随后可得

$$\frac{\mathbb{U}_n - \gamma_n}{\sqrt{\mathrm{Var}(H_n^{(1)}(z_t))}} \xrightarrow{\mathcal{L}} \mathcal{N}(0,1).$$

根据引理 4.4 以及式(4.6.2)，有

$$\sqrt{n}\left(\tilde{\boldsymbol{a}} - \boldsymbol{a} - \frac{1}{2}\gamma_n\right) \xrightarrow{\mathcal{L}} \mathcal{N}(0, \boldsymbol{\Sigma}_a).$$

定理 4.1 证毕。

3. 定理 4.2 证明

为了证明的简洁，我们定义

$$\hat{\vartheta} \equiv \sqrt{nh_2}\{\hat{b}_1(u_0) - b_1(u_0), \cdots, \hat{b}_q(u_0) - b_q(u_0),$$
$$h_2(\hat{b}_1'(u_0) - b_1'(u_0)), \cdots, h_2(\hat{b}_q'(u_0) - b_q'(u_0))\}^{\mathrm{T}},$$

使得其最小化以下函数：

$$\begin{aligned}\boldsymbol{\Phi}_n(\boldsymbol{\vartheta}) &\equiv \boldsymbol{\Phi}_n(\boldsymbol{\vartheta};\tau,\boldsymbol{X},U,u_0)\\ &= \sum_{t=1}^{n}\{Q_\tau(\tilde{Y}_t^* - \boldsymbol{\vartheta}^{\mathrm{T}}\boldsymbol{Z}_{t,2}^*/\sqrt{nh_2}) - Q_\tau(\tilde{Y}_t^*)\}K\left(\frac{U_t - u_0}{h_2}\right),\end{aligned} \tag{4.6.3}$$

其中，$\tilde{Y}_t^* = Y_{t1}^* - \boldsymbol{\beta}_\tau^{\mathrm{T}}(u_0)\boldsymbol{Z}_{t,2}$，$\boldsymbol{\beta}_\tau(u) = (\boldsymbol{b}^{\mathrm{T}}(u),\boldsymbol{b}'^{\mathrm{T}}(u))^{\mathrm{T}}$，$\boldsymbol{Z}_{t,2} = (\boldsymbol{X}_{t,2}^{\mathrm{T}},\boldsymbol{X}_{t,2}^{\mathrm{T}}(U_t - u_0))^{\mathrm{T}}$，$\boldsymbol{Z}_{t,2}^* = (\boldsymbol{X}_{t,2}^{\mathrm{T}},\boldsymbol{X}_{t,2}^{\mathrm{T}}(U_t - u_0)/h_2)^{\mathrm{T}}$。需要说明的是在此后我们将忽略 $\boldsymbol{\beta}_\tau(u)$ 中的 τ。接着，由以下两个引理我们可以建立 $\boldsymbol{b}(u_0)$ 的渐近性质。

引理 4.5 在假设 B 和假设 C 的条件下，当 $n\to\infty$ 时，有

(1) $\boldsymbol{\Phi}_n(\boldsymbol{\vartheta}) = \dfrac{1}{2}\boldsymbol{\vartheta}^{\mathrm{T}}\boldsymbol{D}(u_0)\boldsymbol{\vartheta} - \dfrac{1}{\sqrt{nh_2}}\boldsymbol{G}_n^{\mathrm{T}}\boldsymbol{\vartheta} + R_n(\boldsymbol{\vartheta})$；

(2) $R_n^*(\boldsymbol{\vartheta}) = o_p(1)$；

(3) $\sup\limits_{\boldsymbol{\vartheta}\in\mathcal{K}_2}|R_n(\boldsymbol{\vartheta})| = o_p(1)$，

其中，$\boldsymbol{G}_n = \sum_{t=1}^{n} Q_{\tau'}(\tilde{Y}_t^*)K\left(\dfrac{U_t - u_0}{h_2}\right)\boldsymbol{Z}_{t,2}^*$。

引理 4.6 在假设 B 和假设 C 的条件下，当 $n\to\infty$ 时，有

$$\frac{1}{\sqrt{nh_2}}\left(\boldsymbol{G}_n - \frac{nh_2^3}{2}f_u(u_0)\begin{pmatrix}\boldsymbol{\Gamma}_2(u_0)\boldsymbol{b}''(u_0)\boldsymbol{\mu}_2\\ 0\end{pmatrix} + o(nh_2^3)\right)\xrightarrow{\mathcal{L}}\mathcal{N}(0,\boldsymbol{\Sigma}(u_0)).$$

由 Pollard(1991) 的凸性定理及引理4.5，对于紧集 $\mathcal{K}_2$ 中 $\boldsymbol{\vartheta}\in\mathcal{K}_2$，$\hat{\boldsymbol{\vartheta}}$ 可以被表达为

$$\hat{\boldsymbol{\vartheta}} = \boldsymbol{D}^{-1}(u_0)\boldsymbol{G}_n/\sqrt{nh_2} + o_p(1),$$

由以上方程，有

$$\sqrt{nh_2}\boldsymbol{H}(\hat{\boldsymbol{\beta}}(u_0) - \boldsymbol{\beta}(u_0)) = \boldsymbol{D}^{-1}(u_0)\boldsymbol{G}_n/\sqrt{nh_2} + o_p(1),$$

其中，$\boldsymbol{H} = \boldsymbol{I}_q\otimes\mathrm{diag}(1,h_2)$ 为选择矩阵。结合引理 4.6 的结果，定理 4.2 得证。

4.6.2 技术引理证明

引理 4.1 证明步骤与引理 4.5 一致，在此省略。

引理 4.2　易知 $h_n(z_s,z_t)$ 满足 Dette and Spreckelsen(2004) 定理 2 的假设。因此，在这里我们将证明条件 I 成立。为了这个目的，选择 κ 使得 $1/\kappa + 1/\iota = 1$，其中 $1 < \iota < 2/(1+\delta)$。由 Hölder 不等式可知

$$E\left|h_n(z_s,z_t)h_n(z_s,z_t)\right|^{1+\delta} \leqslant \{E\left|h_n(z_s,z_t)\right|^{\kappa(1+\delta)}\}^{\frac{1}{\kappa}}\{E\left|h_n(z_s,z_t)\right|^{\iota(1+\delta)}\}^{\frac{1}{\iota}}.$$

根据 C_r 不等式，有

$$\begin{aligned}
& E\left|h_n(z_s,z_t)\right|^{\kappa(1+\delta)} \\
&= E\left|\boldsymbol{e}_1^{\mathrm{T}}\boldsymbol{S}^{-1}(z_s)Z(z_s,z_t) + \boldsymbol{e}_1^{\mathrm{T}}\boldsymbol{S}^{-1}(z_t)Z(z_t,z_s)\right|^{\kappa(1+\delta)} \\
&\leqslant C\{E\left|\boldsymbol{e}_1^{\mathrm{T}}\boldsymbol{S}^{-1}(z_s)Z(z_s,z_t)\right|^{\kappa(1+\delta)} + E\left|\boldsymbol{e}_1^{\mathrm{T}}\boldsymbol{S}^{-1}(z_t)Z(z_t,z_s)\right|^{\kappa(1+\delta)}\} \\
&\leqslant CE\left|\boldsymbol{e}_1^{\mathrm{T}}\boldsymbol{S}^{-1}(z_s)Z(z_s,z_t)\right|^{\kappa(1+\delta)} \\
&= CE\left|\boldsymbol{e}_1^{\mathrm{T}}\boldsymbol{S}^{-1}(U_s)\varphi(z_s,z_t)K\left(\frac{U_t-U_s}{h_1}\right)\boldsymbol{Z}_t^{*\mathrm{T}}\right|^{\kappa(1+\delta)} \\
&= O(h_1^{-\kappa(1+\delta)}),
\end{aligned}$$

同理，可以得到 $E\left|h_n(z_s,z_t)\right|^{\iota(1+\delta)} = O(h_1^{-\iota(1+\delta)})$。这样，很容易可得

$$\sup_{s\neq t,i\neq j,t\neq j} E\left|h_n(z_s,z_t)h_n(z_i,z_j)\right|^{1+\delta} = O(h_1^{-2(1+\delta)}),$$

根据相同的步骤，还可以得到以下方程：

$$\sup_{s\neq t,i\neq j,t\neq j} E^{1\otimes}\left|h_n(z_s,z_t)h_n(z_i,z_j)\right|^{1+\delta} = O(h_1^{-2(1+\delta)}),$$

$$\sup_{s\neq t,s\neq j,t\neq j} E^{3\otimes}\left|h_n(z_s,z_t)h_n(z_i,z_j)\right|^{1+\delta} = O(h_1^{-2(1+\delta)}),$$

和

$$\sup_{s\neq t,i\neq j,t\neq j} E^{2\otimes}\left|h_n(z_s,z_t)h_n(z_s,z_j)\right|^{1+\delta} = O(h_1^{-2(1+\delta)}),$$

因此，

$$\begin{aligned}
C_n = \max\{ & \sup_{s\neq t,i\neq j,t\neq j} E\left|h_n(z_s,z_t)h_n(z_i,z_j)\right|^{1+\delta}, \\
& \sup_{s\neq t,i\neq j,t\neq j} E^{1\otimes}\left|h_n(z_s,z_t)h_n(z_i,z_j)\right|^{1+\delta} \\
& \sup_{s\neq t,i\neq j,t\neq j} E^{2\otimes}\left|h_n(z_s,z_t)h_n(z_s,z_j)\right|^{1+\delta}, \\
& \sup_{s\neq t,i\neq j,t\neq j} E^{2\otimes}\left|h_n(z_s,z_t)h_n(z_s,z_j)\right|^{1+\delta}\} = O(h_1^{-2(1+\delta)}).
\end{aligned}$$

这样我们证得 Dette and Spreckelsen(2004) 中定理 2 的条件 Ⅰ 满足。

引理 4.3 根据极大值问题一阶条件可知 $E[\boldsymbol{X}_t\varphi(z_t,z_t)K_{h_1}(U_t-u_0)]=0$, 那么有

$$
\begin{aligned}
&E[Z(u_0,z_t)]\\
&=E[\boldsymbol{X}_tQ_{\tau'}\{Y_t-e_\tau(U_t,\boldsymbol{X}_t)+\boldsymbol{X}_{t,2}^{\mathrm{T}}(\boldsymbol{b}(U_t)-\boldsymbol{b}(u_0))\}K_{h_1}(U_t-u_0)]\\
&=E\left[\boldsymbol{\Gamma}(U_t)K_{h_1}(U_t-u_0)\begin{pmatrix}0\\ \boldsymbol{b}'(u_0)(U_t-u_0)+\frac{1}{2}\boldsymbol{b}''(u_0)(U_t-u_0)^2\end{pmatrix}\right]\\
&\quad(1+o(1))\\
&=\left\{E\left[\boldsymbol{\Gamma}(U_t)\begin{pmatrix}0\\ \boldsymbol{b}'(u_0)(U_t-u_0)\end{pmatrix}K_{h_1}(U_t-u_0)\right]\right.\\
&\quad\left.+E\left[\boldsymbol{\Gamma}(U_t)\begin{pmatrix}0\\ \frac{1}{2}\boldsymbol{b}''(u_0)(U_t-u_0)^2\end{pmatrix}K_{h_1}(U_t-u_0)\right]\right\}[1+o(1)].
\end{aligned}
$$

对于上式第一项, 可以根据泰勒展开式得到

$$
\begin{aligned}
\boldsymbol{\Gamma}(u_0+uh)&=\boldsymbol{\Gamma}(u_0)+\boldsymbol{\Gamma}'(u_0)uh+o(h),\\
f_u(u_0+uh)&=f_u(u_0)+f_u{}'(u_0)uh+o(h),
\end{aligned}
$$

这样有

$$
\begin{aligned}
&E[\boldsymbol{\Gamma}(U_t)\boldsymbol{b}'(u_0)(U_t-u_0)K_{h_1}(U_t-u_0)]\\
&=\int\boldsymbol{\Gamma}(u_0+uh)(U_t-u_0)K(u)f_u(u_0+uh)\boldsymbol{b}'(u_0)\mathrm{d}u\\
&=h_1\int[\boldsymbol{\Gamma}(u_0)f_u(u_0)+\boldsymbol{\Gamma}'(u_0)f_u(u_0)uh_1+\boldsymbol{\Gamma}(u_0)f'_u(u_0)uh_1]\boldsymbol{b}'(u_0)u\\
&\quad K(u)\mathrm{d}u(1+o(1))\\
&=\mu_2h_1^2[\boldsymbol{\Gamma}'(u_0)f_u(u_0)+\boldsymbol{\Gamma}(u_0)f'_u(u_0)]\boldsymbol{b}'(u_0).
\end{aligned}
$$

对于第二项,

$$E\left[\boldsymbol{\Gamma}(U_t)\ \frac{1}{2}\boldsymbol{b}''(u_0)\ (U_t-u_0)^2K_{h_1}(U_t-u_0)\right]$$
$$=\frac{\mu_2h_1^2}{2}\boldsymbol{\Gamma}(u_0)f_u(u_0)\boldsymbol{b}''(u_0)(1+o(1)),$$

这样有

$$E[Z(u_0,z_t)]=\frac{\mu_2h_1^2}{2}\left\{2[\boldsymbol{\Gamma}'(u_0)f_u(u_0)+\boldsymbol{\Gamma}(u_0)f'_u(u_0)]\begin{pmatrix}0\\ \boldsymbol{b}'(u_0)\end{pmatrix}\right.$$
$$\left.+\boldsymbol{\Gamma}(u_0)f_u(u_0)\begin{pmatrix}0\\ \boldsymbol{b}''(u_0)\end{pmatrix}\right\}(1+o(1)).$$

根据 $h_n(z_s,z_t)$ 的定义以及式(4.6.2) 有

$$E[h_n(v,z_t)]$$
$$=E[\boldsymbol{e}_1^{\mathrm{T}}\boldsymbol{S}^{-1}(v)Z(v,z_t)]+E[\boldsymbol{e}_1^{\mathrm{T}}\boldsymbol{S}^{-1}(z_t)Z(z_t,v)]$$
$$=E[\boldsymbol{e}_1^{\mathrm{T}}\boldsymbol{S}^{-1}(z_t)Z(z_t,v)]+o(h_1^2)$$
$$=E\left[\boldsymbol{e}_1^{\mathrm{T}}\boldsymbol{S}^{-1}(z_t)\varphi(z_t,v)M(v)K\left(\frac{v-U_t}{h_1}\right)\right]+o(h_1^2)$$
$$=\boldsymbol{e}_1^{\mathrm{T}}\boldsymbol{S}^{-1}(v)\varphi(v,v)M(v)f_u(v)+o(h_1),$$

这样容易求得下面两式：

$$h_n^{(1)}(v)=\boldsymbol{e}_1^{\mathrm{T}}\boldsymbol{S}^{-1}(v)\varphi_\tau(v,v)M(v)f_u(v)+o(h_1),$$
$$h_n^{(2)}(v,w)=h_n(v,w)-\boldsymbol{e}_1^{\mathrm{T}}\boldsymbol{S}^{-1}(v)\varphi_\tau(v,v)M(v)f_u(v)-\boldsymbol{e}_1^{\mathrm{T}}\boldsymbol{S}^{-1}(w)$$
$$\varphi_\tau(w,w)M(w)f_u(w)+o(1),$$

其中，$f_u(\cdot)$ 是 U_t 的密度函数。根据以上分析，有

$$E\ |h_n^{(1)}(z_s)|^4$$
$$=\frac{1}{\mu_0^4}E\ |\boldsymbol{e}_1^{\mathrm{T}}\boldsymbol{\Gamma}^{-1}(U_s)\varphi(z_s,z_s)\ \boldsymbol{X}_s|^4+o(h_1^2)$$
$$\leqslant CE\ |\boldsymbol{e}_1^{\mathrm{T}}\boldsymbol{\Gamma}^{-1}(U_s)\ X_s\boldsymbol{X}_s^{\mathrm{T}}\boldsymbol{\Gamma}^{-1}(U_s)\ \boldsymbol{e}_1|^2\leqslant C,$$

及

$$
\begin{aligned}
& E\ |h_n(z_s,z_t)|^2 \\
&= E\ [\boldsymbol{e}_1^{\mathrm{T}} \boldsymbol{S}^{-1}(z_s) Z(z_s,z_t) + \boldsymbol{e}_1^{\mathrm{T}} \boldsymbol{S}^{-1}(z_t) Z(z_t,z_s)]^2 \\
&\leqslant CE\ |\boldsymbol{e}_1^{\mathrm{T}} \boldsymbol{S}^{-1}(z_s) Z(z_s,z_t)|^2 \\
&\leqslant CE |\boldsymbol{e}_1^{\mathrm{T}} \boldsymbol{S}^{-1}(z_s) Z(z_s,z_t) Z^{\mathrm{T}}(z_s,z_t)\ \boldsymbol{S}^{-1}(z_s)\ \boldsymbol{e}_1| \\
&\leqslant C\, \boldsymbol{e}_1^{\mathrm{T}} E\{E[\boldsymbol{S}^{-1}(z_s) Z(z_s,z_t) Z^{\mathrm{T}}(z_s,z_t)\ \boldsymbol{S}^{-1}(z_s)]\}\ \boldsymbol{e}_1 \\
&= C\, \boldsymbol{e}_1^{\mathrm{T}} E\left\{\boldsymbol{S}^{-1}(z_s)\left[\int \varphi^2(z_s,z_t) K_{h_1}^2(U_t - U_s)\ \boldsymbol{X}_t \boldsymbol{X}_t^{\mathrm{T}} \mathrm{d}F(z_t)\right] \boldsymbol{S}^{-1}(z_s)\right\} \boldsymbol{e}_1 \\
&= O(h_1^{-1}),
\end{aligned}
$$

这样可以得到

$$
\begin{aligned}
& E\ |h_n^{(2)}(z_s,z_t)|^2 \\
&= CE|\ h_n(z_s,z_t) - \boldsymbol{e}_1^{\mathrm{T}} \boldsymbol{S}^{-1}(z_s)\varphi_\tau(z_s,z_s) M(z_s) f_u(z_s) - \boldsymbol{e}_1^{\mathrm{T}} \boldsymbol{S}^{-1}(z_t) \\
&\quad \varphi_\tau(z_t,z_t) M(z_t) f(z_t)\ |^2 + o(1) \\
&= C\{E|\ h_n(z_s,z_t)\ |^2 + E\ |\boldsymbol{e}_1^{\mathrm{T}} \boldsymbol{S}^{-1}(z_s)\varphi_\tau(z_s,z_s) M(z_s) f_u(z_s)|^2 \\
&\quad + E\ |\boldsymbol{e}_1^{\mathrm{T}} \boldsymbol{S}^{-1}(z_t)\varphi_\tau(z_t,z_t) M(z_t) f(z_t)|^2\} + o(1) \\
&= C\{E\ |h_n(z_s,z_t)|^2 + \frac{1}{\mu_0^2} E\ |\boldsymbol{e}_1^{\mathrm{T}}(\boldsymbol{\Gamma}^{-1}(U_s))\varphi_\tau(z_s,z_s)\ X_s|^2 \\
&\quad + \frac{1}{\mu_0^2} E\ |\boldsymbol{e}_1^{\mathrm{T}}(\boldsymbol{\Gamma}^{-1}(U_t))\varphi_\tau(z_t,z_t)\ X_s|^2\} + o(1) \\
&= CE\ |h_n(z_s,z_t)|^2 + C_1 \\
&= O(h_1^{-1}).
\end{aligned}
$$

引理 4.3 得证。

引理 4.4 根据引理 4.3 及式(4.6.2)，有

$$\gamma_n = \iint h_n(z_s,z_t)\,\mathrm{d}F(z_s)\,\mathrm{d}F(z_t)$$

$$= \iint [\boldsymbol{e}_1^{\mathrm{T}}\boldsymbol{S}^{-1}(z_s)Z(z_s,z_t) + \boldsymbol{e}_1^{\mathrm{T}}\boldsymbol{S}^{-1}(z_t)Z(z_t,z_s)]\,\mathrm{d}F(z_s)\,\mathrm{d}F(z_t)$$

$$= 2\iint \boldsymbol{e}_1^{\mathrm{T}}\boldsymbol{S}^{-1}(z_s)Z(z_s,z_t)\,\mathrm{d}F(z_s)\,\mathrm{d}F(z_t)$$

$$= \frac{\mu_2 h_1^2}{\mu_0}\boldsymbol{e}_1^{\mathrm{T}}E\left[2(\boldsymbol{\Gamma}^{-1}(U_s)\boldsymbol{\Gamma}'(U_s) + f_u'(U_s)/f_u(U_s))\begin{pmatrix}0\\ \boldsymbol{b}'(U_s)\end{pmatrix}\right.$$

$$\left. + \begin{pmatrix}0\\ \boldsymbol{b}''(U_s)\end{pmatrix}\right][1+o(1)]$$

$$= B_1^* h_1^2 + o(h_1^2),$$

以上完成了对(a)的证明。对于(b)，当$E[h_n^{(1)}(z_s)]=0$成立时，容易证明

$$\mathrm{Var}(h_n^{(1)}(z_s)) = E\,[\boldsymbol{e}_1^{\mathrm{T}}\boldsymbol{S}^{-1}(z_s)\varphi(z_s,z_s)M(z_s)f(z_s)]^2 + o(h_1^2)$$

$$= \frac{1}{\mu_0^2}E[\boldsymbol{e}_1^{\mathrm{T}}\boldsymbol{\Gamma}^{-1}(U_s)X_s\boldsymbol{X}_s^{\mathrm{T}}\boldsymbol{\Gamma}^{-1}(U_s)Q_\tau^2(Y_s - \boldsymbol{e}_\tau(U_s,X_s))\boldsymbol{e}_1] + o(h_1^2)$$

$$= \frac{1}{\mu_0^2}E[\boldsymbol{e}_1^{\mathrm{T}}\boldsymbol{\Gamma}^{-1}(U_s)E(Q_\tau^2(Y_s - \boldsymbol{e}_\tau(U_s,X_s))X_s\boldsymbol{X}_s^{\mathrm{T}})\boldsymbol{\Gamma}^{-1}(U_s)\boldsymbol{e}_1] + o(h_1^2)$$

$$= \boldsymbol{\Sigma}_a^* + o(h_1^2),$$

以及

$$\mathrm{Cov}(h_n^{(1)}(z_1),h_n^{(1)}(z_{s+1}))$$

$$= E[h_n^{(1)}(z_1)h_n^{(1)}(z_{s+1})]$$

$$= \frac{1}{\mu_0^2}E[\boldsymbol{e}_1^{\mathrm{T}}(\boldsymbol{\Gamma}^{-1}(U_1)X_1\boldsymbol{X}_{s+1}^{\mathrm{T}}\boldsymbol{\Gamma}^{-1}(U_{s+1})\varphi(z_1,z_1)\varphi(z_{s+1},z_{s+1})\boldsymbol{e}_1] + o(h_1^2)$$

$$= \mathrm{Cov}(w_1,w_{s+1}) + o(1)$$

$$\leqslant C\beta(s).$$

根据以上结果和平稳序列的性质可以得到

$$
\begin{aligned}
& n\mathrm{Var}(H_n^{(1)}) \\
&= \frac{1}{n}\sum_{s=1}^{n}\mathrm{Var}(h_n^{(1)}(z_s)) + 2\sum_{s=1}^{n-1}\left(1-\frac{s}{n}\right)\mathrm{Cov}(h_n^{(1)}(z_1), h_n^{(1)}(z_{s+1})) \\
&= \boldsymbol{\Sigma}_a^* + 2\sum_{s=1}^{n-1}\mathrm{Cov}(h_n^{(1)}(z_1), h_n^{(1)}(z_{s+1})) + o(1) \\
&= \boldsymbol{\Sigma}_a + o(1).
\end{aligned}
$$

引理4.4成立。

引理4.5　假定$\eta(U_t, \boldsymbol{X}_{t,2}) = \boldsymbol{b}^{\mathrm{T}}(U_t)\boldsymbol{X}_{t,2}$，对于$|u-u_0|<h_2$中的$u$，根据泰勒展开式

$$
\eta(U_t, \boldsymbol{X}_{t,2}) = \eta(u_0, U_t, \boldsymbol{X}_{t,2}) + \frac{1}{2}\sum_{j=1}^{q}\boldsymbol{b}_j''(u_0)X_{tj,2}(U_t-u_0)^2 + o(h_2^2),
$$

其中，$X_{tj,2}$为$\boldsymbol{X}_{t,2}$的第j个元素。令$\phi(v\mid u,\boldsymbol{x}) = E[Q_\tau(Y_{t1}^* - \eta(U_t, \boldsymbol{X}_{t,2}) + v)\mid U_t = u, \boldsymbol{X}_{t,2} = \boldsymbol{x}]$，将$\partial\phi(v\mid u,\boldsymbol{x})/\partial v$和$\partial^2\phi(v\mid u,\boldsymbol{x})/\partial v^2$分别表示为$\phi'(v\mid u,\boldsymbol{x})$和$\phi''(v\mid u,\boldsymbol{x})$。值得说明的是，$\Phi_n(\vartheta)$是关于$\vartheta$的凸函数。定义：

$$
\begin{aligned}
\Phi_n(\vartheta) = E[\Phi_n(\vartheta)\mid U_t, \boldsymbol{X}_{t,2}] - \frac{1}{\sqrt{nh_2}}\sum_{t=1}^{n}\Bigg\{ & Q_{\tau'}(\tilde{Y}_t^*)\boldsymbol{Z}_{t,2}^* K\left(\frac{U_t-u_0}{h_2}\right) \\
& - E[Q_{\tau'}(\tilde{Y}_t^*)\mid U_t, \boldsymbol{X}_{t,2}]\boldsymbol{Z}_{t,2}^* K\left(\frac{U_t-u_0}{h_2}\right)\Bigg\}^{\mathrm{T}}\vartheta + R_n^*(\vartheta).
\end{aligned}
\tag{4.6.4}
$$

由式(4.6.3)和式(4.6.4)，有

$$
\begin{aligned}
& E[\Phi_n(\vartheta)\mid U_t, \boldsymbol{X}_{t,2}] \\
&= \sum_{t=1}^{n}\left[\phi\left(\eta(U_t, \boldsymbol{X}_{t,2}) - \eta(u_0, U_t, \boldsymbol{X}_{t,2}) - \frac{\vartheta^{\mathrm{T}}\boldsymbol{Z}_{t,2}^*}{\sqrt{nh_2}}\,\middle|\, U_t, \boldsymbol{X}_{t,2}\right)\right. \\
&\qquad \left. - \phi(\eta(U_t, \boldsymbol{X}_{t,2}) - \eta(u_0, U_t, \boldsymbol{X}_{t,2})\mid U_t, \boldsymbol{X}_{t,2})\right]K\left(\frac{U_t-u_0}{h_2}\right) \\
&= -\sum_{t=1}^{n}\phi'(\eta(U_t, \boldsymbol{X}_{t,2}) - \eta(u_0, U_t, \boldsymbol{X}_{t,2})\mid U_t, \boldsymbol{X}_{t,2})\frac{\vartheta^{\mathrm{T}}\boldsymbol{Z}_{t,2}^*}{\sqrt{nh_2}}
\end{aligned}
$$

$$K\left(\frac{U_t-u_0}{h_2}\right)+\frac{1}{2}\sum_{t=1}^{n}\phi''(\eta(U_t,\boldsymbol{X}_{t,2})-\eta(u_0,U_t,\boldsymbol{X}_{t,2})\mid U_t,\boldsymbol{X}_{t,2})$$

$$\left(\frac{\boldsymbol{\vartheta}^{\mathrm{T}}\boldsymbol{Z}_{t,2}^{*}}{\sqrt{nh_2}}\right)^2 K\left(\frac{U_t-u_0}{h_2}\right)[1+o_p(1)]$$

$$=-\frac{1}{\sqrt{nh_2}}\sum_{t=1}^{n}E[Q_{\tau'}(\tilde{Y}_t^{*})\mid U_t,\boldsymbol{X}_{t,2})]\boldsymbol{Z}_{t,2}^{*\mathrm{T}}K\left(\frac{U_t-u_0}{h_2}\right)\boldsymbol{\vartheta}$$

$$+\frac{1}{2nh_2}\boldsymbol{\vartheta}^{\mathrm{T}}\left\{\sum_{t=1}^{n}K\left(\frac{U_t-u_0}{h_2}\right)E[Q''_{\tau}(Y_t-e_{\tau}(U_t,\boldsymbol{X}_t))\mid U_t,\boldsymbol{X}_{t,2}]\boldsymbol{Z}_{t,2}^{*}\boldsymbol{Z}_{t,2}^{*\mathrm{T}}\right\}\boldsymbol{\vartheta}$$

$$[1+o_p(1)]. \tag{4.6.5}$$

对于第二项,

$$E\left[K\left(\frac{U_t-u_0}{h_2}\right)E\{Q''_{\tau}(Y_t-e_{\tau}(U_t,\boldsymbol{X}_t))\mid U_t,\boldsymbol{X}_{t,2}\}\boldsymbol{Z}_{t,2}^{*}\boldsymbol{Z}_{t,2}^{*\mathrm{T}}\right]$$

$$=2E\left\{K\left(\frac{U_t-u_0}{h_2}\right)[\tau\{1-F_{y|x,u}(e_{\tau}(U_t,\boldsymbol{X}_t))\}+(1-\tau)F_{y|x,u}\right.$$

$$\left.(e_{\tau}(U_t,\boldsymbol{X}_t))]\boldsymbol{Z}_{t,2}^{*}\boldsymbol{Z}_{t,2}^{*\mathrm{T}}\right\}$$

$$=h_2 f_u(u_0)\begin{pmatrix}\mu_0 & 0\\ 0 & \mu_2\end{pmatrix}\otimes\boldsymbol{\Gamma}_2(u_0)(1+o_p(1)).$$

根据遍历性,

$$\frac{1}{nh_2}\sum_{t=1}^{n}K\left(\frac{U_t-u_0}{h_2}\right)Q''_{\tau}(Y_t-e_{\tau}(U_t,\boldsymbol{X}_t))\boldsymbol{Z}_{t,2}^{*}\boldsymbol{Z}_{t,2}^{*\mathrm{T}}$$

$$\to\quad f_u(u_0)\begin{pmatrix}\mu_0 & 0\\ 0 & \mu_2\end{pmatrix}\otimes\boldsymbol{\Gamma}_2(u_0).$$

由引理 4.6(b)(见下文),以及式(4.6.3)、式(4.6.4) 和式(4.6.5),我们证得(a)。其中对于每个固定 $\boldsymbol{\vartheta}$,有 $R_n(\boldsymbol{\vartheta})=o_p(1)$。

为了证明(b),由上易知

$$R_n^{*}(\boldsymbol{\vartheta})=\sum_{t=1}^{n}\{\boldsymbol{V}_t-E(\boldsymbol{V}_t\mid U_t,\boldsymbol{X}_{t,2})\},$$

其中，

$$V_t = \sum_{t=1}^{n} \{Q_\tau(\tilde{Y}_t^* - \vartheta^{\mathrm{T}} \boldsymbol{Z}_{t,2}^* / \sqrt{nh_2}) - Q_\tau(\tilde{Y}_t^*)$$

$$+ Q'_\tau(\tilde{Y}_t^*) \vartheta^{\mathrm{T}} \boldsymbol{Z}_{t,2}^* / \sqrt{nh_2}\} K\left(\frac{U_t - u_0}{h_2}\right).$$

由于 $ER_n^*(\vartheta) = 0$，那么

$$ER_n^{*2}(\vartheta) = nE\,\boldsymbol{V}_t^2 + 2\sum_{s=1}^{n-1}(n-s)\mathrm{Cov}(\boldsymbol{V}_1, \boldsymbol{V}_{s+1}),$$

根据 Yao and Tong(1996) 的引理 2 可得

$$E\boldsymbol{V}_t^2 \leqslant 16E\left[(\vartheta^{\mathrm{T}} \boldsymbol{Z}_{t,2}^* / \sqrt{nh_2})^4 K^2\left(\frac{U_t - u_0}{h_2}\right)\right] = O\left(\frac{1}{n^2 h_2}\right).$$

令 $d_n \to \infty$ 为一系列正整数使得 $d_n h_2(n) \to 0$，并且定义

$$J_1 = \sum_{s=1}^{d_n - 1} n\,|\mathrm{Cov}(\boldsymbol{V}_1, \boldsymbol{V}_{s+1})|,$$

$$J_2 = \sum_{s=d_n}^{n-1} n\,|\mathrm{Cov}(\boldsymbol{V}_1, \boldsymbol{V}_{s+1})|.$$

由 Cauchy-Schwartz 不等式和平稳性条件，对于 $s < d_n$，

$$|\mathrm{Cov}(\boldsymbol{V}_1, \boldsymbol{V}_{s+1})| \leqslant CE\,\boldsymbol{V}_t^2 = O\left(\frac{1}{n^2 h_2}\right),$$

那么有

$$J_1 = nd_n O\left(\frac{1}{n^2 h_2}\right) = o\left(\frac{1}{nh_2^2}\right).$$

接着我们将考虑 J_2 的上界。根据 Davydov 不等式(可见 Hall and Heyde(1980), Corollary A.2)，容易得到

$$|\mathrm{Cov}(\boldsymbol{V}_1, \boldsymbol{V}_{s+1})| \leqslant C[\beta(s)]^{1-2/\delta}[E\,|\boldsymbol{V}_t|^\delta]^{2/\delta},$$

继续使用 Yao and Tong(1996) 的引理 2，可以得到

$$
\begin{aligned}
E\,|\boldsymbol{V}_t|^{\delta} &\leqslant 4^{\delta} E\left[\left(\frac{\vartheta^{\mathrm{T}} Z_{t,2}^{*}}{\sqrt{nh_2}}\right)^{2\delta} K^{\delta}\left(\frac{U_t - u_0}{h_2}\right)\right] \\
&\leqslant C\,\frac{h_2^{\delta-1}}{(nh_2)^{\delta}} E\left[(\vartheta^{\mathrm{T}}\boldsymbol{Z}_{t,2}^{*})^{2\delta} K\left(\frac{U_t - u_0}{h_2}\right)\right] \\
&\leqslant C\,\frac{h_2}{(nh_2)^{\delta}} = Cn^{-\delta} h_2^{1-\delta},
\end{aligned}
$$

这样，对于$\delta > 2$，选取 d_n 使得 $h_2^{1-2/\delta} d_n^c = O(1)$，有

$$
\begin{aligned}
J_2 &\leqslant nCn^{-2} h_2^{\frac{2}{\delta}-2} \sum_{s=d_n}^{\infty} \beta^{1-2/\delta}(s) \\
&\leqslant Cn^{-1} h_2^{\frac{2}{\delta}-2} d_n^{-c} \sum_{s=d_n}^{\infty} s^c \beta^{1-2/\delta}(s) \\
&= o\left(\frac{1}{nh_2}\right),
\end{aligned}
$$

满足条件 $d_n h_2 \to 0$。综上可得，$ER_n^{*2}(\theta) = o\left(\frac{1}{nh_2^2}\right)$ 和

$$
P[\,|R_n^*(\theta)| > \varepsilon\,] \leqslant \frac{ER_n^{*2}(\theta)}{\epsilon^2} = o(1).
$$

引理 4.5(b) 证毕。

我们知道$\boldsymbol{G}_n$ 存在随机上界，根据凸函数 $\Phi_n(\vartheta) \xrightarrow{\mathcal{P}} \frac{1}{2}\vartheta^{\mathrm{T}}\boldsymbol{D}(u_0)\vartheta - \frac{1}{\sqrt{nh_2}}\boldsymbol{G}_n^{\mathrm{T}}\vartheta$ 以及 Pollard(1991) 中的凸性定理，对于紧集 $\mathcal{K}_2$，容易得到

$$
\sup_{\vartheta \in \mathcal{K}_2} |R_n(\vartheta)| = o_p(1).
$$

引理 4.5 证毕。

引理 4.6　由 $E\left[\boldsymbol{Z}_{t,2}^{*} Q_{\tau}'(Y_{t1}^{*} - \eta(U_t, \boldsymbol{X}_{t,2}))K\left(\frac{U_t - u_0}{h_2}\right)\right] = 0$，有

$$
\begin{aligned}
&E\left[\boldsymbol{Z}_{t,2}^{*}Q_{\tau}'(\tilde{Y}_{t})K\left(\frac{U_{t}-u_{0}}{h_{2}}\right)\right]\\
&=E\left[\boldsymbol{Z}_{t,2}^{*}Q_{\tau}''(\tilde{Y}_{t})K\left(\frac{U_{t}-u_{0}}{h_{2}}\right)\boldsymbol{X}_{t,2}^{\mathrm{T}}\left\{\frac{1}{2}\boldsymbol{b}''(u_{0})(U_{t}-u_{0})^{2}\right\}\right][1+o(1)]\\
&=E\left[\begin{pmatrix}1\\ \dfrac{U_{t}-u_{0}}{h_{2}}\end{pmatrix}\otimes 2\{\tau(1-F_{y|x,u}(e_{\tau}(U_{t},\boldsymbol{X}_{t})))+(1-\tau)F_{y|x,u}(e_{\tau}(U_{t},\boldsymbol{X}_{t}))\}\right.\\
&\qquad\left.\times\boldsymbol{X}_{t,2}\boldsymbol{X}_{t,2}^{\mathrm{T}}K\left(\frac{U_{t}-u_{0}}{h_{2}}\right)\frac{1}{2}\boldsymbol{b}''(u_{0})(U_{t}-u_{0})^{2}\right][1+o(1)]\\
&=\frac{h_{2}^{3}}{2}f_{u}(u_{0})\begin{pmatrix}\boldsymbol{\Gamma}_{2}(u_{0})\boldsymbol{b}''(u_{0})\mu_{2}\\ 0\end{pmatrix}[1+o(1)],
\end{aligned}
\tag{4.6.6}
$$

及

$$
\begin{aligned}
&E\left[\boldsymbol{Z}_{t,2}^{*}Q'_{\tau}(\tilde{Y}_{t}^{*})K\left(\frac{U_{t}-u_{0}}{h_{2}}\right)\right]^{2}\\
&=E\left[\begin{pmatrix}1 & \dfrac{U_{t}-u_{0}}{h_{2}}\\ \dfrac{U_{t}-u_{0}}{h_{2}} & \left(\dfrac{U_{t}-u_{0}}{h_{2}}\right)^{2}\end{pmatrix}\otimes K^{2}\left(\frac{U_{t}-u_{0}}{h_{2}}\right)Q_{\tau}'^{2}(\tilde{Y}_{t}^{*})\boldsymbol{X}_{t,2}\boldsymbol{X}_{t,2}^{*}\right](1+o(1))\\
&=h_{2}f_{u}(u_{0})\begin{pmatrix}\nu_{0} & 0\\ 0 & \nu_{2}\end{pmatrix}\otimes\boldsymbol{\Gamma}_{2}^{*}(u_{0})(1+o(1))=h_{2}\boldsymbol{\Sigma}(u_{0})(1+o(1)).
\end{aligned}
\tag{4.6.7}
$$

这个引理的证明主要将使用经典的 large-block 和 small-block 技术，其主要思想是将 $\{1,2,\cdots,n\}$ 分成 $2k_n+1$ 个子集，其中 large block 的数量为 $r=r_n$，small block 的数量为 $s=s_n$，其中

$$k=k_n=\left[\frac{n}{r_n+s_n}\right].$$

而在导出 $\boldsymbol{G}_n$ 的正态性时，我们将采用 Cramer-Wold 方法。对于任意单

位向量 $\boldsymbol{d} \in \mathrm{R}^{2q}$，

$$
\begin{aligned}
P_n &\equiv \frac{\boldsymbol{d}^{\mathrm{T}}}{\sqrt{nh_2}}(\boldsymbol{G}_n - E\,\boldsymbol{G}_n) \\
&= \frac{1}{\sqrt{n}}\sum_{t=1}^{n} \frac{\boldsymbol{d}^{\mathrm{T}}}{\sqrt{h_2}}\left[\boldsymbol{Z}_{t,2}^{*}Q_{\tau}'(\tilde{Y}_t^{*})K\left(\frac{U_t - u_0}{h_2}\right) - E\left\{\boldsymbol{Z}_{t,2}^{*}Q_{\tau}'(\tilde{Y}_t^{*})K\left(\frac{U_t - u_0}{h_2}\right)\right\}\right] \\
&\triangleq \frac{1}{\sqrt{n}}\sum_{t=0}^{n-1} H_{n,t}^{*}.
\end{aligned}
$$

由式(4.6.6) 和式(4.6.7)，容易得到

$$
\mathrm{Var}(H_{n,t}^{*}) = \boldsymbol{\Sigma}_p(u_0)[1 + o(1)], \tag{4.6.8}
$$

其中，$\boldsymbol{\Sigma}_p(u_0) = \boldsymbol{d}^{\mathrm{T}}\boldsymbol{\Sigma}(u_0)\boldsymbol{d}$，且有

$$
\sum_{s=1}^{n-1} |\mathrm{Cov}(H_{n,0}^{*}, H_{n,s}^{*})| = o(1). \tag{4.6.9}
$$

对于 $0 \leqslant j \leqslant k - 1$，定义以下随机变量：

$$
\eta_j = \sum_{i=j(r+s)}^{j(r+s)+r-1} H_{n,i}^{*},
$$

$$
\xi_j = \sum_{i=j(r+s)+r}^{(j+1)(r+s)} H_{n,i}^{*},
$$

和

$$
\zeta_k = \sum_{i=k(r+s)}^{n-1} H_{n,i}^{*},
$$

然后有

$$
\begin{aligned}
P_n &= \frac{1}{\sqrt{n}}\left(\sum_{j=0}^{k-1}\eta_j + \sum_{j=0}^{k-1}\xi_j + \zeta_k\right) \\
&= \frac{1}{\sqrt{n}}(P_{n,1} + P_{n,2} + P_{n,3}).
\end{aligned}
$$

为了建立 P_n 的渐近结果，在这里我们使用 Ibragimov and Linnik (1971) 的定理 18.4.1。为此，我们将验证以下条件：

$$\frac{1}{n}E\,(P_{n,2})^2 \to 0,\quad \frac{1}{n}E\,(P_{n,3})^2 \to 0, \tag{4.6.10}$$

$$\left|E[\exp(\mathrm{it}P_{n,1})] - \prod_{j=0}^{k-1} E[\exp(\mathrm{it}\eta_j)]\right| \to 0, \tag{4.6.11}$$

$$\frac{1}{n}\sum_{j=0}^{k-1} E(\eta_j^2) \to \boldsymbol{\Sigma}_p(u_0), \tag{4.6.12}$$

及

$$\frac{1}{n}\sum_{j=0}^{k-1} E[\eta_j^2 I(|\eta_j| \geqslant \epsilon\sqrt{n\boldsymbol{\Sigma}_p(u_0)})] \to 0, \tag{4.6.13}$$

对于每个 $\epsilon > 0$。我们将首先证明式(4.6.10) 并考虑 large block。假设 C2 说明存在一个序列 $a_n \to \infty$，使得

$$a_n s_n = o\left(\sqrt{nh_2(n)}\right),$$

及

$$(nh_2^{-1})^{\frac{1}{2}}\beta(s_n) \to 0.$$

定义 large-block 长度为 $r_n = [(nh_2)^{\frac{1}{2}}/a_n]$，small-block 长度为 s_n，这样容易得到，当 $n \to \infty$ 时，有

$$\frac{s_n}{r_n} \to 0,\quad \frac{r_n}{n} \to 0,\quad r_n\,(nh_2)^{-\frac{1}{2}} \to 0, \tag{4.6.14}$$

同时有

$$\left(\frac{n}{r_n}\right)\beta(s_n) \to 0.$$

由平稳性条件及方程(4.6.8) 和方程(4.6.9)，有

$$E\,(P_{n,2})^2 = \sum_{j=0}^{k-1}\mathrm{Var}(\xi_j) + 2\sum_{0 \leqslant i < j \leqslant k-1}\mathrm{Cov}(\xi_i,\xi_j) \equiv I_1 + I_2,$$

其中，

$$I_1 = k\mathrm{Var}(\xi_0) = k\mathrm{Var}\left(\sum_{i=r}^{r+s} H_{n,i}^*\right) = ks_n\{\boldsymbol{\Sigma}_p(u_0) + o(1)\} = O(ks_n).$$

接下来，我们考虑 I_2。令 $r_j^* = j(r_n + s_n)$，然后对于所有 $j > i$ 有 $r_j^* - r_i^* \geqslant r_n$，这样可得

$$\begin{aligned}|I_2| &\leqslant 2\sum_{0\leqslant i<j\leqslant k-1}\sum_{j_1=1}^{s_n}\sum_{j_2=1}^{s_n}|\mathrm{Cov}(P_{n,r_i^*+r_n+j_1},P_{n,r_j^*+r_n+j_2})| \\ &\leqslant 2\sum_{j_1=1}^{n-r_n}\sum_{j_2=j_1+r_n}^{n}|\mathrm{Cov}(P_{n,j_1},P_{n,j_2})| \qquad (4.6.15) \\ &\leqslant 2n\sum_{j=r_n+1}^{n}|\mathrm{Cov}(P_{n,1},P_{n,j})| = o(n).\end{aligned}$$

直接根据式(4.6.14) 和式(4.6.15) 可以得到

$$\frac{1}{n}E(P_{n,2}^2) = O(ks_n n^{-1}) + o(1) = o(1). \qquad (4.6.16)$$

根据相同的步骤，由平稳性条件式(4.6.8) 和式(4.6.14)，有

$$\mathrm{Var}(P_{n,3}) = \mathrm{Var}\left(\sum_{j=1}^{n-k(r_n+s_n)} P_{n,j}\right) = O(n - k(r_n + s_n)) = o(n), \qquad (4.6.17)$$

由式(4.6.16)、式(4.6.17) 和式(4.6.10) 可证。 为了证明式(4.6.11)，我们将会用到 Volkonskii and Rozanov(1959) 中的引理 1.1(同样可参考 Ibragimov and Linnik(1971))，这样有

$$\left|E[\exp(\mathrm{i}tP_{n,1})] - \prod_{j=0}^{k_n-1}E[\exp(\mathrm{i}t\eta_j)]\right| \leqslant 16\left(\frac{n}{r_n}\right)\beta(s_n) \to 0.$$

由于

$$\frac{1}{n}\sum_{j=0}^{k-1}E(\eta_j^2) = \frac{k}{n}E(\eta_1^2) = \frac{kr_n}{n}\cdot\frac{1}{r_n}\mathrm{Var}\left(\sum_{j-1}^{r_n}P_{n,j}\right) \to \boldsymbol{\Sigma}_p(u_0),$$

式(4.6.12) 得证。

最后，我们将使用Shao and Yu (1996) 的定理4.1 和假设C 来证明(4.6.13)，可以得到

$$\begin{aligned}E[\eta_j^2 I(|\eta_j| \geqslant \epsilon\sqrt{n\boldsymbol{\Sigma}_p(u_0)})] &\leqslant Cn^{1-\delta/2}E(|\eta_j|^\delta) \\ &\leqslant Cn^{1-\delta/2}r_n^{\delta/2}[E(|H_{n,0}^*|^{\delta^*})]^{\delta/\delta^*}. \qquad (4.6.18)\end{aligned}$$

由于

$$
\begin{aligned}
E(|H_{n,0}^{*}|^{\delta^{*}}) &\leqslant Ch_2^{-\delta^{*}/2}E(\|\boldsymbol{G}_n\|^{\delta^{*}}) \\
&\leqslant Ch_2^{-\delta^{*}/2}E\left[\left\|\boldsymbol{Z}_t^{*}Q_\tau'(\widetilde{Y}_t^{*})K\left(\frac{U_t-u_0}{h_2}\right)\right\|^{\delta^{*}}\right] \qquad (4.6.19)\\
&\leqslant Ch_2^{1-\delta^{*}/2},
\end{aligned}
$$

根据式(4.6.18)和式(4.6.19)，有

$$
E[\eta_j^2 I\{|\eta_j|\geqslant \epsilon\sqrt{n\boldsymbol{\Sigma}_p(u_0)}\}]\leqslant Cn^{1-\delta/2}r_n^{\delta/2}h_2^{(2-\delta^{*})\delta/(2\delta^{*})},
$$

因此，根据假设 C 及 r_n 的定义，当 $a_n\to\infty$ 时，有

$$
\frac{1}{n}\sum_{j=0}^{k-1}E[\eta_j^2 I\{|\eta_j|\geqslant \epsilon\sqrt{n\boldsymbol{\Sigma}_p(u_0)}\}]\leqslant Ca_n^{1-\delta/2}n^{1/2-\delta/4}h_2^{\delta/\delta^{*}-\delta/4-1/2}=o(1).
$$

最后，由于我们证明了式(4.6.10) ~ 式(4.6.13)，这样可以使用 Ibragimov and Linnik(1971)的定理 18.4.1 来证明

$$
P_n \xrightarrow{\mathcal{L}} \mathcal{N}(0,\boldsymbol{\Sigma}_p(u_0)).
$$

引理 4.6 证明完毕。

第 5 章
线性条件自回归期望分位数模型

5.1 引言

本章中，我们考虑的焦点仍然是将期望分位数作为风险测度指标，研究其建模问题。借鉴 Engle and Manganelli (2004)提出的著名的 CAViaR 模型的思想，我们在对条件期望分位数建模的过程中引入其滞后项，提出了一族线性条件自回归期望分位数(LCARE)模型。值得一提的是，采用与 GARCH 模型相似的步骤，LCARE 模型可以转化为无限阶的 CARE 模型。LCARE 模型具有灵活性的优点，许多已有的期望分位数模型均可以看作它的特例，这点将在第 5.2 节中重点介绍。更重要的是，在给定分布函数的条件下，我们知道期望分位数与分位数以及 ES 存在着一一对应的关系，因此，LCARE 模型可以用来估计 Xiao and Koenker(2009)中考虑的 GARCH 型 CAViaR 模型。

以上介绍的建模方法看起来具有很好的前景，然而，关于此类模型的估计却并不平常。对于分位数模型，通常我们可以使用单纯型法(simplex method)或内点法进行估计。而对于期望分位数模型，最常使用的是经典的 ALS 方法。然而，不论是 CAViaR 还是 LCARE 模型，由于其中的滞后项在 t 时刻无法观测，因而这类模型的估计存在很多难点。为了解决这个问题，近年来有不少研究者对此进行尝试。其中，为了估计包含一阶滞后项的 CARE 模型，Taylor(2008)结合了格点搜索法和迭代法来寻找拟似然函数的局部最大值。Gerlach and Chen(2014)和 Gerlach et al.(2017)假设扰动项服从非对称正态分布，然后采用适应性 MCMC 抽样方法(adaptive Markov chain Monte Carlo sampling schemes)对模型进行了估计。Xiao and Koenker(2009)提出两阶段估计方法同时估计线性 GARCH(p,q)模型和 CAViaR(p,q)模型。除此以外，De Rossi and Harvey(2009)采用修正状态空间信号提取算法(modified state space signal extraction algorithm)估计时变分位数和期望分位数模型，为经典的 ALS 和 QML 估计提供了备选方案。我们将对以上估计方法逐一进行分析。首先，Taylor(2008)的方法需要生成大量格点，然后利用点搜索法找到其中使得拟似然函数达到最大值的点作为迭代的初始值，这一方法的计算量非常大。其次，Gerlach and Chen(2014)和 Gerlach et al.(2017)的适应性 MCMC 抽样方法必须假设扰动项服从非对称正态分布，这个假设条件较强且本章也不考虑使用贝叶斯估计方法。再次，Xiao and Koenker(2009)的两阶段方法虽然具备同时估计线性 GARCH(p,q)模型和 CAViaR(p,q)模型的优点，但估计过程过于复杂。最后，De Rossi and Harvey(2009)提出使用修正状态空间信号提取算法是否可行还未得到验证，我们将在未来进一步研究。综上原因，我们选择了经典的拟最大似然方法。与 Taylor(2008)不同的是，考虑期望分位数拟似然函数一阶连续可导的优点，LCARE 模型的估计过程基于拟牛顿法。此外，我们还验证了 QMLE 的一致性和渐近正态性。这也是相较 Taylor(2008)、Gerlach and Chen(2014)和 Gerlach et al.(2017)本书所做的贡献。

在 Engle and Manganelli(2004)关于 VaR 的研究中认为，任何估计方法的研究都必须解决三个问题:第一，提出一个可以计算 VaR 的模型，其包含的变量在 $t-1$ 时刻是已知的，且参数可以被估计；第二，提供可以用来估计模型未知参数的相应步骤(如一个损失函数或合适的最优化算法)；第三，建立评估该估计量表现的检验。在接下来的部分，我们将按照这个逻辑展开。在第 5.2 节中，我们介绍了 LCARE 模型以及相应的估计方法，并讨论了 QMLE 的渐近性质。另外，我们还讨论了使用该模型估计 VaR 和 ES 的方法。蒙特卡洛模拟实例和实证研究分别在第 5.3 节和第 5.4 节中讨论。最后，在第 5.5 节中我们进行了本章小结。所有的技术证明均被安排在第 5.6

节附录中。

5.2 模型框架

5.2.1 模型设定

假设$(Y_t,\boldsymbol{X}_t)$ $(t=1,2,\cdots,n)$ 是一个严格平稳的随机变量序列，其中 Y_t 是我们研究的目标变量，$\boldsymbol{X}_t$ 是一个协变量向量。令 $\mathcal{F}_t=\sigma\{(Y_1,\boldsymbol{X}_1),\cdots,(Y_{t-1},\boldsymbol{X}_{t-1})\}$ 为时间 t 时刻的可用的信息集，$\mathcal{M}_\tau$ 代表 Y_t 的τ-条件期望分位数所服从的模型，$\mathcal{M}_\tau\equiv\{e_\tau(\boldsymbol{W}_t,\boldsymbol{\theta}_\tau)\}$，其中$\boldsymbol{W}_t$ 为 $\mathcal{F}_t$ 可测随机变量，$\boldsymbol{\theta}_\tau$ 为参数空间 Θ 中的未知参数，而 $e_\tau(\boldsymbol{W}_t,\cdot):\Theta\to\mathcal{R}$ 代表某些实值函数。给定 $\boldsymbol{W}_t=\boldsymbol{w}_t$，$Y_t$ 的 τ-条件期望分位数被定义为

$$e_\tau(\boldsymbol{w}_t,\boldsymbol{\theta}_\tau)=\underset{\xi\in\mathcal{R}}{\operatorname{argmin}}E[Q_\tau(Y_t-\xi)\mid \boldsymbol{W}_t=\boldsymbol{w}_t].$$

本章构建了一族线性条件自回归期望分位数模型 LCARE(p,q) 如下：

$$\begin{aligned}e_\tau(\boldsymbol{w}_t,\boldsymbol{\theta}_\tau)\equiv e_{t,\tau}&=\alpha_{0,\tau}+\sum_{i=1}^{p}\alpha_{i,\tau}\boldsymbol{X}_{t-i}+\sum_{j=1}^{q}\beta_{j,\tau}e_{t-j,\tau}\\&=\alpha_{0,\tau}+A(L)\boldsymbol{X}_t+B(L)e_{t,\tau},\end{aligned}\tag{5.2.1}$$

其中，$p\geqslant 0$，$q>0$；　$\beta_{j,\tau}\geqslant 0$，　$j=1,2,\cdots,q$；

$\boldsymbol{\theta}_\tau=(\alpha_{0,\tau},\cdots,\alpha_{p,\tau},\beta_{1,\tau},\cdots,\beta_{q,\tau})^{\mathrm{T}}\in\mathcal{R}^{p+q+1}$；$e_{t-1,\tau}$ 是$\{Y_t\}_{t=1}^{n}$ 在时间$t-1$ 的期望分位数；$A(L)=\sum_{i=1}^{p}\alpha_{i,\tau}L^i$，$B(L)=\sum_{j=1}^{q}\beta_{j,\tau}L^j$，$L$ 代表滞后算子。在这里，我们允许$\boldsymbol{X}_t$ 包含 Y_t 的滞后值。本章后续部分，在不引起混淆的情况下，我们将$\boldsymbol{\theta}_\tau$，$\alpha_{i,\tau}$，$i=0,1,\cdots,p$ 和$\beta_{j,\tau}$，$j=1,2,\cdots,q$ 中的 τ 省略。

注：模型(5.2.1) 的平稳条件在之前的文献中并未被理论性地研究过。然而，假设随机向量序列$\{\boldsymbol{X}_t\}_{t=1}^{n}$ 严格平稳，那么很容易导出模型(5.2.1) 的平稳性条件是式 $1-B(z)=0$ 的根均在单位圆之外。

在 LCARE(p,q) 模型中，p 代表协变量$\boldsymbol{X}_t$ 的阶数，q 代表期望分位数滞后因子的阶数。假设模型(5.2.1) 是平稳的，那么它可以被改写为

$$e_{t,\tau}=\alpha_0(1-B(1))^{-1}+A(L)(1-B(L))^{-1}\boldsymbol{X}_t$$
$$=\alpha_0\left(1-\sum_{j=1}^{q}\beta_j\right)^{-1}+\sum_{i=1}^{\infty}\gamma_i\boldsymbol{X}_{t-i}.$$

上式可被看成是无限阶的 CARE 模型。其中，γ_i，$i=1,\cdots,\infty$ 是由 $A(L)\ (1-B(L))^{-1}$ 幂级数展开而得，具体形式如下：

$$\gamma_i=\begin{cases}\alpha_i+\sum\limits_{j=1}^{m}\beta_j\gamma_{i-j}, & i=1,2,\cdots,p,\\ \sum\limits_{j=1}^{m}\beta_j\gamma_{i-j}, & i=p+1,\cdots,\end{cases}$$

其中，$m=\min(p,i-1)$。

模型(5.2.1) 非常灵活，它可以包含以下期望分位数模型作为其特殊形式。

[例5.1]　设定模型(5.2.1) 中$p=q=1$及$X_t=|Y_{t-1}|$，它可以被简化为 Taylor(2009) 中提出的 SAV-CARE 模型，

$$e_{t,\tau}=\alpha_{0,\tau}+\alpha_{1,\tau}|Y_{t-1}|+\beta_{1,\tau}e_{t-1,\tau}.$$

如果$p=q=1$且$\boldsymbol{X}_t=(Y_{t-1}^{+},Y_{t-1}^{-})^{\mathrm{T}}$，模型(5.2.1) 被改写为 Taylor(2009) 中提出的 AS-CARE 模型，

$$e_{t,\tau}=\alpha_{0,\tau}+\alpha_{1,\tau}Y_{t-1}^{+}+\alpha_{2,\tau}Y_{t-1}^{-}+\beta_{1,\tau}e_{t-1,\tau},$$

其中，$v^{+}=\max(v,0)$ 和 $v^{-}=\max(-v,0)$。

[例5.2]　假设$p=q=1$，选取模型(5.2.1) 中$\boldsymbol{X}_t$为已实现极差或已实现波动率，我们可以分别得到 Gerlach and Chen(2014) 和 Gerlach et al.(2017) 中的 CARE-R 模型和 CARE-X 模型。

5.2.2　估计方法

值得一提的是，许多已知的条件分位数模型都使用 QML 方法进行估计，其中包括 Koenker and Zhao(1996) 的条件分位数模型，Engle and Manganelli(2004) 的 CAViaR 模型，以及 White et al(2015) 的 VAR for VaR 模型。本章考虑的模型(5.2.1) 可通过最小化$QL_n(\boldsymbol{\theta})$ 求解，即为

$$\hat{\boldsymbol{\theta}}_n = \underset{\boldsymbol{\theta}}{\operatorname{argmax}}\ QL_n(\boldsymbol{\theta}) \equiv \underset{\boldsymbol{\theta}}{\operatorname{argmax}}\ \frac{1}{n}\sum_{t=1}^{n} \ln\varphi_t^{\tau}(y_t, e(\boldsymbol{w}_t, \boldsymbol{\theta})),$$

其中，$\varphi_t^{\tau}(\cdot, \cdot)$ 是在第 3 章 3.4 节中定义的 tick-linear-exponential 密度函数。为了简化分析，我们考虑 $a_t(\xi) = 2\xi$ 及 $b_t(y) = c_t(y) = y^2$ 的特殊情况，由此可得期望分位数模型的拟似然函数如下：

$$QL_n(\boldsymbol{\theta}) = \frac{1}{n}\sum_{t=1}^{n} ql_t(\boldsymbol{\theta}) \equiv \frac{1}{n}\sum_{t=1}^{n} \{-w_{t,\tau}(\boldsymbol{\theta})\,(Y_t - e_\tau(\boldsymbol{w}_t, \boldsymbol{\theta}))^2\},$$

其中，$w_{t,\tau}(\boldsymbol{\theta}) = |\tau - I(Y_t \leqslant e_\tau(\boldsymbol{w}_t, \boldsymbol{\theta}))|$。令$\nabla$和$\nabla^2$为关于$\boldsymbol{\theta}$的一阶和二阶偏微分算子。对$QL_n(\boldsymbol{\theta})$求微分可得，

$$\nabla QL_n(\boldsymbol{\theta}) = \frac{1}{n}\sum_{t=1}^{n} \nabla ql_t(\boldsymbol{\theta}) = \frac{2}{n}\sum_{t=1}^{n} w_{t,\tau}(\boldsymbol{\theta})(Y_t - e_\tau(\boldsymbol{w}_t, \boldsymbol{\theta}))\nabla e_\tau(\boldsymbol{w}_t, \boldsymbol{\theta}), \tag{5.2.2}$$

其中，

$$\nabla e_\tau(\boldsymbol{w}_t, \boldsymbol{\theta}) = \boldsymbol{Z}_t + \sum_{i=1}^{p} \beta_i \nabla e_\tau(\boldsymbol{w}_{t-i}, \boldsymbol{\theta}). \tag{5.2.3}$$

其中，$\boldsymbol{Z}_t = (1, \boldsymbol{X}_{t-1}^{\mathrm{T}}, \cdots, \boldsymbol{X}_{t-p}^{\mathrm{T}}, e_{t-1}, \cdots, e_{t-q})^{\mathrm{T}}$。假设分布中没有任何一个点使得 $Y_t = e_\tau(\boldsymbol{w}_t, \boldsymbol{\theta})$，这样我们可以对$QL_n(\boldsymbol{\theta})$求二阶导数，得到

$$\nabla^2 QL_n(\boldsymbol{\theta}) = n^{-1}\sum_{t=1}^{n} \nabla^2 ql_t(\boldsymbol{\theta}),$$

其中，

$$\begin{aligned}\nabla^2 ql_t(\boldsymbol{\theta}) = &-2w_{t,\tau}(\boldsymbol{\theta})(Y_t - e_\tau(\boldsymbol{w}_t, \boldsymbol{\theta}))\nabla^2 e_\tau(\boldsymbol{w}_t, \boldsymbol{\theta}) \\ &+ 2w_{t,\tau}(\boldsymbol{\theta})\nabla e_\tau(\boldsymbol{w}_t, \boldsymbol{\theta})\nabla^{\mathrm{T}} e_\tau(\boldsymbol{w}_t, \boldsymbol{\theta}).\end{aligned} \tag{5.2.4}$$

由于式(5.2.4)中的第一项的条件期望为0，那么 Hessian 矩阵可以被上式中第二项的样本平均一致估计。这将极大简化运算，因为第二项中仅包括一阶微分。

由上可知，回归期望分位数函数是连续可微的，而且其二阶导数也是几乎处处连续。为了求解 QMLE，由于式(5.2.3)中存在迭代项，我们考虑使用类似于 Bollerslev(1986)中使用的迭代最优求解方法。令$\boldsymbol{\theta}^{(i)}$表示第 i 次迭代所求得的参数，那么$\boldsymbol{\theta}^{(i+1)}$可由下式估计得到，

$$\boldsymbol{\theta}^{(i+1)}=\boldsymbol{\theta}^{(i)}+\lambda_i\left(\frac{2}{n}\sum_{t=1}^{n}w_{t,\tau}(\boldsymbol{\theta})\ \nabla e_\tau(\boldsymbol{w}_t,\boldsymbol{\theta})\ \nabla^{\mathrm{T}}e_\tau(\boldsymbol{w}_t,\boldsymbol{\theta})\right)^{-1}\nabla QL_n(\boldsymbol{\theta}^{(i)}),$$

其中，$\nabla QL_n(\boldsymbol{\theta}^{(i)})$ 和$\nabla e_\tau(\boldsymbol{w}_t,\boldsymbol{\theta}^{(i)})$ 分别可在$\boldsymbol{\theta}^{(i)}$ 点求得，$\boldsymbol{\lambda}_i$ 是在给定方向上最大化似然函数使用的向量步长。

注：由上可知，LCARE 模型的估计方法与 GARCH 模型的估计步骤非常相似。因此，为了保证估计的准确性，我们的算法和程序均通过修改 R 语言中的 fGarch 包(Wuertz et al.(2017))中的主要函数而得到。

5.2.3 渐近理论

在这一小节中，我们将导出估计量$\hat{\boldsymbol{\theta}}_n$ 的渐近性质。

1. 标号与假设条件

在这里，我们将提供本章中使用的标号。首先，$f_\varepsilon(\cdot)$ 代表 $\varepsilon_{t\tau}$ 的密度函数，其中 $\varepsilon_{t\tau}=Y_t-e_\tau(\boldsymbol{w}_t,\boldsymbol{\theta}_0)$。接下来,我们将介绍建立渐近性质所需要的假设条件。需要说明的是，以下介绍的假设条件均是充分条件，但不能保证是最弱的那个。

假设 D(一致性)：

(1)(Ω,F,P) 是完备概率空间，而$\{Y_t,\boldsymbol{X}_t^{\mathrm{T}}\}_{t=1}^{n}$ 是 α-mixing 过程，其规模系数为$\frac{-r}{r-2}$，且有 $r>2$。

(2) 对于所有的 t，$1\leqslant t\leqslant n$，及某个有限正常数 n_0，变量$\boldsymbol{W}_t\equiv h(\boldsymbol{X}_t,\cdots,\boldsymbol{X}_{t-n_0}):\Omega\rightarrow\mathcal{R}^m$，其中 $h(\cdot)$ 为可测函数。

(3) 对于所有 t，$1\leqslant t\leqslant n$，函数 $e_\tau(\cdot,\boldsymbol{\theta}):\boldsymbol{W}_t\rightarrow\mathcal{R}$ 可测，而且函数 $e_\tau(\boldsymbol{W}_t,\cdot):\Theta\rightarrow\mathcal{R}$ 几乎处处二阶连续可导。

(4) 对于每个$\boldsymbol{\theta}\in\Theta$及所有$t$，$1\leqslant t\leqslant n$，矩阵$E[\nabla e_\tau(\boldsymbol{w}_t,\boldsymbol{\theta})\ \nabla^{\mathrm{T}}e_\tau(\boldsymbol{w}_t,\boldsymbol{\theta})]$ 满秩。

(5) 基于信息集$\mathcal{F}_t$，扰动项$\varepsilon_{t\tau}$是一个平稳过程。所有t，$1\leqslant t\leqslant n$，有$|\varepsilon_{t\tau}|<A(\mathcal{F}_t)$，其中随机函数$A(\mathcal{F}_t)$关于$\mathcal{F}_t$可测。同时，存在某些有限正

常数 A_0 和 ϵ，满足：

$$E[\,|A(\mathcal{F}_t)|^{2r+\epsilon}] \leqslant A_0 < \infty.$$

（6）对于所有 $\boldsymbol{\theta} \in \Theta$ 和所有 t，$1 \leqslant t \leqslant n$，$\|\nabla e_\tau(\boldsymbol{w}_t, \boldsymbol{\theta})\| \leqslant B(\mathcal{F}_t)$，随机函数 $B(\mathcal{F}_t)$ 是 $\mathcal{F}_t$ - 可测函数。同时，存在有限正常数 B_0、B_1 和 ϵ，满足 $E[\,|B(\mathcal{F}_t)|^{2r+\epsilon}] \leqslant B_0 < \infty$ 和 $E[\,|A(\mathcal{F}_t)B(\mathcal{F}_t)|\,] \leqslant B_1 < \infty$。

假设 E（渐近正态性）：

（1）对于任意 t，$1 \leqslant t \leqslant n$ 和一个充分小的实数 d，以及 $\boldsymbol{\theta}_0$ 领域内满足 $\|\boldsymbol{\theta} - \vartheta\| \leqslant d$ 的所有的 $\boldsymbol{\theta}$ 和 ϑ，有 $\|\nabla e_\tau(\boldsymbol{w}_t, \boldsymbol{\theta}) - \nabla e_\tau(\boldsymbol{w}_t, \vartheta)\| \leqslant M(\mathcal{F}_t, \boldsymbol{\theta}, \vartheta) = O(\|\boldsymbol{\theta} - \vartheta\|)$，其中，$M(\mathcal{F}_t, \boldsymbol{\theta}, \vartheta)$ 是 $\mathcal{F}_t$- 可测的随机函数，对于某些常数 M_0，其满足 $E[M(\mathcal{F}_t, \boldsymbol{\theta}, \vartheta)B(\mathcal{F}_t)] \leqslant M_0 \|\boldsymbol{\theta} - \vartheta\| < \infty$。

（2）矩阵 $V(\boldsymbol{\theta}_0) \equiv n^{-1}\sum_{t=1}^{n} E[\nabla ql_t(\boldsymbol{\theta}_0)\ \nabla^{\mathrm{T}} ql_t(\boldsymbol{\theta}_0)]$ 和 $D(\boldsymbol{\theta}_0) \equiv n^{-1}\sum_{t=1}^{n} E[\nabla^2 ql_t(\boldsymbol{\theta}_0)]$ 以及它们的反函数均一致有界。

注：接下来，我们将讨论以上假设条件。假设 D1 确保数据集是建立在某个合适的概率空间上的 α-mixing 随机过程的实现值。假设 D2 ~ D4 与 Komunjer(2005) 中的条件 A0 非常相似，很多已知的期望分位数模型如 Taylor(2008) 及 Kuan et al.(2009) 均符合这个框架。假设 D5 ~ D6 的提出是为了保证 QMLE 的一致性，它们与 Engle and Maganeilli(2004) 在分位数设定中的假设 C4 ~ C6 和 AN1(a) 类似。假设 E1 相比 Engle and Maganeilli(2004) 中的假设 AN1(b) 更弱。最后，假设 E2 是模型识别的必要条件。

2. 渐近性质

在本小节中，我们将讨论估计量 $\hat{\boldsymbol{\theta}}_n$ 的一致性和渐近正态性。为了简洁起见，在这里我们只展示渐近结果，而将所有的技术细节归类到附录中。关于一致性的证明，我们主要根据 Newey and Powell(1987) 中的 Lemma A 的思路，并验证相应条件。而渐近正态性的证明的主要想法来源于

Huber(1967) 的定理3。首先，通过证明Huber定理成立，估计量$\hat{\boldsymbol{\theta}}_n$可以被表示为一个线性估计量加上高阶项。接下来，渐近正态性可以通过对线性项运用 α-mixing 的中心极限定理建立，具体细节可参考 Weiss(1991)。我们将分别在定理 5.1 和定理 5.2 中阐述估计量$\hat{\boldsymbol{\theta}}_n$ 的一致性和渐近正态性。

定理 5.1 在模型正确设定且满足假设 D 的条件下，$\hat{\boldsymbol{\theta}}_n \xrightarrow{\mathcal{P}} \boldsymbol{\theta}_0$，其中$\hat{\boldsymbol{\theta}}_n$ 可由下式得到：

$$\underset{\boldsymbol{\theta}}{\operatorname{argmax}} \frac{1}{n} \sum_{t=1}^{n} \{ - | I(Y_t < e_\tau(\boldsymbol{w}_t, \boldsymbol{\theta})) - \tau | (Y_t - e_\tau(\boldsymbol{w}_t, \boldsymbol{\theta}))^2 \} .$$

定理 5.2 假设模型正确设定，在假设 D 和 E 成立的条件下，有

$$\sqrt{n}(\hat{\boldsymbol{\theta}}_n - \boldsymbol{\theta}_0) \xrightarrow{\mathcal{L}} \mathcal{N}(0, \Sigma(\boldsymbol{\theta}_0)),$$

其中，渐近方差可由 $\Sigma(\boldsymbol{\theta}_0) = \boldsymbol{D}^{-1}(\boldsymbol{\theta}_0) V(\boldsymbol{\theta}_0) \boldsymbol{D}^{-1}(\boldsymbol{\theta}_0)$ 给出，而 $\boldsymbol{D}(\boldsymbol{\theta}_0)$ 和 $\boldsymbol{V}(\boldsymbol{\theta}_0)$ 的定义在假设 E2 中给出。

注：我们将讨论关于方差协方差矩阵的一致性估计量。为了这个目的，令$\hat{\boldsymbol{D}}_n(\hat{\boldsymbol{\theta}}_n) = n^{-1} \sum_{t=1}^{n} \nabla^2 ql_t(\hat{\boldsymbol{\theta}}_n)$，$\hat{\boldsymbol{V}}_n(\hat{\boldsymbol{\theta}}_n) = n^{-1} \sum_{t=1}^{n} \nabla ql_t(\hat{\boldsymbol{\theta}}_n) \nabla^{\mathrm{T}} ql_t(\hat{\boldsymbol{\theta}}_n)$。容易证明$\hat{\boldsymbol{V}}_n - \boldsymbol{V}_n \xrightarrow{\mathcal{P}} 0$ 及$\hat{\boldsymbol{D}}_n - \boldsymbol{D}_n \xrightarrow{\mathcal{P}} 0$，因此方差协方差矩阵可由$\hat{\boldsymbol{\Sigma}} = \hat{\boldsymbol{D}}_n^{-1} \hat{\boldsymbol{V}}_n \hat{\boldsymbol{D}}_n^{-1}$ 估计。值得一提的是，由于$\hat{\boldsymbol{D}}_n(\hat{\boldsymbol{\theta}}_n)$ 和$\hat{\boldsymbol{V}}_n(\hat{\boldsymbol{\theta}}_n)$ 中存在迭代项(5.2.3)，$\hat{\boldsymbol{\Sigma}}$ 与 Kuan et al.(2009) 稍有不同。因此，我们建议通过适当的修改，使用 *R* 中 fGarch 包中的函数 garchRCDAGradient( ) 和 garchRCDAHessian( ) 来估计$\hat{\boldsymbol{D}}_n(\hat{\boldsymbol{\theta}}_n)$ 和$\hat{\boldsymbol{V}}_n(\hat{\boldsymbol{\theta}}_n)$。

5.2.4 使用 LCARE 估计 VaR 和 ES

CAViaR 类型的模型在近年来引起了风险测度估计研究者的广泛关注。然而，由于存在着隐变量，常规的非线性分位数回归方法无法被直接应用于此类模型的估计。尽管有很多估计方法被提出以解决这类问题，估计的准确性以及简洁性很难同时达到。在大量的研究中，Xiao and Koenker(2009) 将一族线性 GARCH(p,q) 模型和一族 CAViaR(p,q) 模型联

系起来，并提出了一个两阶段估计方法，用以估计这两个模型。他们考虑的线性 GARCH(p,q) 模型由下式给出：

$$Y_t = \sigma_t \varepsilon_t, \tag{5.2.5a}$$

$$\sigma_t = \alpha_0 + \sum_{i=1}^{p} \alpha_i |Y_{t-i}| + \sum_{j=1}^{q} \beta_j \sigma_{t-j}, \tag{5.2.5b}$$

其中，ε_t 是一个均值为零且服从未知分布的 i.i.d. 序列。这个模型在 Taylor(1986) 中被首次考虑，而线性 GARCH 模型和标准的 GARCH 模型的主要区别是，它的波动率使用 σ_t 来衡量。由于线性 GARCH 模型对极端值不至于过于敏感，因此它被认为比标准GARCH模型更适合用于对金融时间序列数据建模。

对式(5.2.5a) 求条件分位数，可得 $q_{\boldsymbol{\theta}}(\boldsymbol{w}_t,\boldsymbol{\theta})=\sigma_t q_{\boldsymbol{\theta}}(\varepsilon_t)$，其中 $q_{\boldsymbol{\theta}}(\varepsilon_t)$ 代表扰动项 ε_t 的 θ- 分位数，而对式(5.2.5b) 两边同乘以 $q_{\boldsymbol{\theta}}(\varepsilon_t)$，可以得到 CAViaR$(p,q)$ 的表达式如下：

$$q_{\boldsymbol{\theta}}(\boldsymbol{w}_t,\boldsymbol{\theta}) = \tilde{\alpha}_{\boldsymbol{\theta},0} + \sum_{i=1}^{p} \tilde{\alpha}_{\boldsymbol{\theta},i} |Y_{t-i}| + \sum_{j=1}^{q} \beta_{\boldsymbol{\theta},j} q_{\boldsymbol{\theta}}(\boldsymbol{w}_{t-j},\boldsymbol{\theta}), \tag{5.2.6}$$

其中，$\tilde{\alpha}_i=\alpha_i q_{\boldsymbol{\theta}}(\varepsilon_t)$，$i=0,\cdots,p$。通过这一方法，建立了线性GARCH模型(5.2.5) 和CAViaR模型(5.2.6) 的联系。随后，Xiao and Koenker(2009) 提出了两步估计法用来估计模型(5.2.5) 和模型(5.2.6)，其中通过结合不同分位点的信息以对线性 GARCH 模型进行分位数自回归筛(sieve) 逼近的方法在第一步中实施，而对GARCH模型时间序列数据的尺度的最小距离估计在第二步中完成。

正如前文介绍，由于分位数和期望分位数存在着一一对应关系，那么同样可以使用期望分位数回归来同时估计模型(5.2.5) 和模型(5.2.6)。更重要的是，期望分位数回归具备的一个优势是它的拟似然函数是连续可微的，通过使用与GARCH相似的拟牛顿法估计步骤对模型进行估计可以同时保证准确性和收敛速度。

相似地，对式(5.2.5b) 两边同乘以 $e_\tau(\varepsilon_t)$，那么 Y_t 在 t 时刻的 τ- 条件期望分位数 $e_\tau(\boldsymbol{w}_t,\boldsymbol{\theta})$，有以下 LCARE$(p,q)$ 的表达式：

$$e_{\tau}(\boldsymbol{w}_t,\boldsymbol{\theta}) = \bar{\alpha}_0 + \sum_{i=1}^{p}\bar{\alpha}_i |Y_{t-i}| + \sum_{j=1}^{q}\beta_j e_{\tau}(\boldsymbol{w}_{t-j},\boldsymbol{\theta}), \quad (5.2.7)$$

其中，$\bar{\alpha}_i = e_{\tau}(\varepsilon_t)\alpha_i = e_{\tau}(\varepsilon_t)(i=0,\cdots,p)$ 代表ε_t的τ-条件期望分位数。这个模型正是我们在5.2节中提出的LCARE(p,q)模型。在第2.2节中我们曾介绍，对于一个给定的分布，它的θ-分位数所对应的τ-条件期望分位数可以唯一被确定。因此，当我们求得模型(5.2.7)的估计值时，模型(5.2.5)和模型(5.2.6)的参数可以计算得到。

一个关于模型(5.2.7)的副产品是ES(p,q)模型。由Newey and Powell(1987)和Taylor(2009)可知，期望分位数和ES也存在一一对应关系，这样可以得到以下表达式：

$$\mathrm{ES}_{\theta}(Y_t) = \left[1 + \frac{\tau}{(1-2\tau)\theta}\right]e_{\tau}(Y_t) - \frac{\tau}{(1-2\tau)\theta}E(Y_t),$$

其中，$\mathrm{ES}_{\theta}(Y_t)$ 和 $e_{\tau}(Y_t)$ 分别是 u_t 的 θ-ES 和 τ-条件期望分位数，而且满足 $e_{\tau}(Y_t) = q_{\theta}(Y_t)$。如果 $E(Y_t) = 0$，上式可被简化为

$$\mathrm{ES}_{\theta}(Y_t) = \left[1 + \frac{\tau}{(1-2\tau)\theta}\right]e_{\tau}(Y_t). \quad (5.2.8)$$

最后，根据模型(5.2.7)和式(5.2.8)，可以构建条件ES(p,q)模型如下：

$$\mathrm{ES}_{\theta}(\boldsymbol{w}_t,\boldsymbol{\theta}) = \check{\alpha}_0 + \sum_{i=1}^{p}\check{\alpha}_i |Y_{t-i}| + \sum_{j=1}^{q}\beta_j\,\mathrm{ES}_{\theta}(\boldsymbol{w}_{t-j},\boldsymbol{\theta}),$$

其中，$\check{\alpha}_i = \{1 + \tau/(1-2\tau)\theta\}\bar{\alpha}_i$，$i = 0,\cdots,p$。

5.3 蒙特卡洛模拟

在本节中，我们将运用两个模拟实例来说明本章提出模型及相应估计量的有限样本表现。在每个例子中，我们分别考虑3个不同的样本量，n = 100、200和500，同时我们也考虑3个不同的概率水平，τ = 0.01、0.05和0.1。对于所有的样本量及不同的概率水平，模拟均重复500次。在生成Y_t序列时，我们将其初始值设置为零，并去除前200个生成的数据以消除初始值的影响。为了衡量估计量的表现，我们将报告偏误的中位数和标准误。

其中，对于$0\leqslant j\leqslant p+q$，$\hat{\theta}_j$的偏误为$\text{BIAS}_{\theta_j}^{(k)}\equiv|\hat{\theta}_j^{(k)}-\theta_j|$，而$\hat{\theta}_j^{(k)}$是在第$k$次模拟中的估计值。

[模拟实例 5.1]　本例中的数据生成过程如下式：

$$Y_t = e_{t,\tau} + \varepsilon_{t,\tau},$$

$$e_{t,\tau} = \theta_0 + \theta_1 Y_{t-1} + \theta_2 e_{t-1,\tau},\quad t = 1,2,\cdots,n,$$

其中，$\varepsilon_{t,\tau}$ 服从 i.i.d.非对称正态分布 AND$(0,\sigma_{\varepsilon_{t,\tau}},\tau)$，其密度函数为

$$f(\varepsilon_{t,\tau}) = \frac{1}{\sigma_{\varepsilon_{t,\tau}}}\left(\sqrt{\frac{2\pi}{1-\tau}}+\sqrt{\frac{2\pi}{\tau}}\right)^{-1}\exp\left\{-Q_\tau\left(\frac{\varepsilon_{t,\tau}}{\sigma_{\varepsilon_{t,\tau}}}\right)\right\}.$$

另外，$\theta_0=-0.4$，$\theta_1=0.2$，而$\theta_2=0.6$。值得说明的是，非对称正态分布也被 Gerlach and Chen(2014)，Gerlach et al.(2017) 和 Xu et al.(2018) 使用。由于$\varepsilon_{t,\tau}$的τ-期望分位数等于 0，所以满足模型识别条件。接下来，我们将使用 5.2.2 节中介绍的方法估计这个模型，估计结果见表 5.1。

表 5.1　蒙特卡洛模拟实例 5.1 的估计结果

n	$\tau=0.01$			$\tau=0.05$			$\tau=0.1$		
	$\text{BIAS}_{\hat{\theta}_0}$	$\text{BIAS}_{\hat{\theta}_1}$	$\text{BIAS}_{\hat{\theta}_2}$	$\text{BIAS}_{\hat{\theta}_0}$	$\text{BIAS}_{\hat{\theta}_1}$	$\text{BIAS}_{\hat{\theta}_2}$	$\text{BIAS}_{\hat{\theta}_0}$	$\text{BIAS}_{\hat{\theta}_1}$	$\text{BIAS}_{\hat{\theta}_2}$
100	0.0878 (0.0883)	0.0352 (0.0528)	0.0833 (0.102)	0.111 (0.1146)	0.0499 (0.0486)	0.1073 (0.1123)	0.1566 (0.1298)	0.0493 (0.049)	0.1234 (0. 1066)
200	0.0584 (0.0567)	0.0223 (0.0242)	0.0574 (0.0636)	0.0811 (0.0836)	0.0265 (0.0304)	0.0733 (0.0795)	0.1052 (0.1153)	0.0358 (0.032)	0.0863 (0.0863)
500	0.0326 (0.0321)	0.0143 (0.0136)	0.0351 (0.0316)	0.0487 (0.0453)	0.0196 (0.0168)	0.0462 (0.0425)	0.0618 (0.0696)	0.0221 (0.0214)	0.0502 (0.0549)

表 5.1 报告了在所有概率水平下 QML 估计量$\hat{\theta}_0$、$\hat{\theta}_1$和$\hat{\theta}_2$偏误的中位数和标准误。首先，考虑$\hat{\theta}_0$和$\hat{\theta}_2$，可观察到所有的绝对值偏误以及均方根误差均随着样本量的增加而减小。举例来说，当$\tau=0.05$且样本量为$n=200$时，估计量BIAS_{θ_2}的中位数和标准误分别是 0.0733 和 0.0795，而当样本量增加到$n=500$时，它们会分别下降到 0.0462 和 0.0425。同样地，我们从

BIAS_{θ_0} 的表现也可以观察到类似的结论。当 $\tau=0.1$ 且样本量是 $n=200$ 时，估计量的中位数为0.1052而相应的标准误为0.1153，而当样本量增加到 $n=500$ 时，它的中位数和标准误分别下降到0.0618和0.0696。最后，对于 BIAS_{θ_1}，它的偏误较小因而减少趋势并不明显。我们可以观察到，当样本量 $n=200$ 且 $\tau=0.01$ 时，BIAS_{θ_2} 的中位数和标准误是0.0223和0.0242，而当样本量增加到 $n=500$ 时，它们分别减少到0.0143和0.0136。

[模拟实例 5.2] 在这个模拟中，我们考虑以下数据生成过程：

$$Y_t=\sigma_t\varepsilon_t,$$

$$\sigma_t=\theta_0+\theta_1Y_{t-1}+\theta_2\sigma_{t-1},\quad t=1,2,\cdots,n,$$

其中，$\varepsilon_t\sim N(0,2^2)$，$\theta_0=0.05$，$\theta_1=-0.1$，$\theta_2=0.6$。这个模型属于5.2.4节中介绍的线性GARCH模型。通过在第二个方程两边同乘 ε_t 的 θ-分位数，令其表示为 q_θ^0，则以上模型可改写为

$$q_{t,\theta}=a_0+a_1Y_{t-1}+a_2q_{t-1,\theta},\quad t=1,2,\cdots,n,\tag{5.3.1}$$

其中，$\boldsymbol{a}=(a_0,a_1,a_2)^{\mathrm{T}}$，而 $a_0=q_\theta^0\theta_0$，$a_1=q_\theta^0\theta_1$，$a_2=\theta_2$。方程(5.3.1)是CAViaR(1,1)模型，可以通过使用Engle and Manganelli(2004)中介绍的数值算法估计，这样我们可以通过 $\hat{\theta}_i=\hat{a}_i/q_\theta^0$，$i=0,1$，$\hat{\theta}_2=\hat{a}_2$ 估计线性GARCH模型中的参数。Engle and Manganelli(2004)中的估计步骤如下：

(1) 根据均匀分布 $U(0,1)$ 随机生成 10^4 个长度为3的参数向量，选择其中10个能产生最小分位数回归准则的向量作为优化步骤的初始值。分位数回归得分函数如下：

$$\underset{a}{\operatorname{argmin}}\, n^{-1}\sum_{t=1}^{n}\left[\theta-I(Y_t\leqslant q_\theta(\boldsymbol{w}_t,\boldsymbol{a}))\right](Y_t-q_\theta(\boldsymbol{w}_t,\boldsymbol{a})).$$

(2) 将以上得到的参数向量作为单纯型算法(simplex algorithm)的初始值，然后将得到的最优值代入拟牛顿法(quasi-Newton algorithm)中。

(3) 通过拟牛顿法得到的新的最优参数将作为单纯型算法的初始值继续优化算法。

(4) 重复步骤(2)(3)，直到达到收敛。

关于以上算法的详细介绍，请参见Engle and Manganelli(2004)。而当

我们在第二个方程两边同乘 ε_t 的 τ- 期望分位数，令其表示为 e_τ^0，则可以得到：

$$e_{t,\tau} = b_0 + b_1 Y_{t-1} + b_2 e_{t-1,\tau},\quad t = 1,2,\cdots,n, \tag{5.3.2}$$

其中，$b_0 = e_\tau^0\theta_0$，$b_1 = e_\tau^0\theta_1$，$b_2 = \theta_2$。模型(5.3.2)的估计基于5.2.1节中介绍的算法，因此线性GARCH模型的参数可以在得到LCARE模型的估计值后，通过 $\hat{\theta}_i = \hat{b}_i/e_\tau^0$，$i = 0,1$，以及 $\hat{\theta}_2 = \hat{b}_2$ 得到。值得说明的是，这里我们只比较了LCARE模型和CAViaR模型在 $\tau = \theta = 0.01$ 时的表现。通过选择多个 θ 和 τ，并将每个得到的估计量平均处理，这样可以得到一个关于 $\theta_i(i = 0,1,2)$ 的更有效的估计值。

表 5.2　蒙特卡洛模拟实例 5.2 的比较结果

n	CAViaR			LCARE		
	$BIAS_{\hat{\theta}_0}$	$BIAS_{\hat{\theta}_1}$	$BIAS_{\hat{\theta}_2}$	$BIAS_{\hat{\theta}_0}$	$BIAS_{\hat{\theta}_1}$	$BIAS_{\hat{\theta}_2}$
100	0.0363 (0.059)	0.0446 (0.0508)	0.3043 (0.5402)	0.0224 (0.0166)	0.0387 (0.0396)	0.1881 (0.1313)
200	0.0285 (0.052)	0.0344 (0.0371)	0.2284 (0.4445)	0.0199 (0.0181)	0.0304 (0.0287)	0.163 (0.1376)
500	0.0146 (0.0268)	0.0221 (0.0204)	0.1223 (0.2136)	0.0128 (0.0136)	0.0202 (0.019)	0.1023 (0.111)

表5.2报告了由CAViaR模型和LCARE模型计算的估计量 $\hat{\theta}_0$、$\hat{\theta}_1$和 $\hat{\theta}_2$ 的偏误(BIAS)的中位数和标准差。首先，我们可以看到两种方法求得的估计量的偏误均随着样本量增大而减小。同时，除了$BIAS_{\theta_2}$ 的标准差在样本量从 $n = 100$ 增加到 $n = 200$ 时从0.1313增加到0.1376，其他情况下估计量偏误的标准差也有类似结果。另外，在所有情形下，LCARE模型估计量表现都比CAViaR模型要好。举例来说，当 $n = 500$ 时，CAViaR模型估计量$BIAS_{\theta_0}$、$BIAS_{\theta_1}$ 和$BIAS_{\theta_2}$ 的中位数分别为0.0146、0.0221和0.1223，而LCARE模型分别为0.0128、0.0202和0.1023，效果稍好。很明显，估计量

的标准误也有类似的表现。当 $n=500$ 时，CAViaR 模型估计量偏误的标准误分别为 0.0268、0.0204 和 0.2136。而对于 LCARE 模型来说，它们在样本量相同情况下分别为 0.0136、0.019 和 0.111。最后，值得说明的是，LCARE 模型的计算效率要远高于 CAViaR 模型，它的运算时间远比 CAViaR 模型小。正如 Taylor(2008) 所述，这是因为期望分位数回归的得分函数一阶连续可导，因此在寻找最优解的过程中，ALS 估计方法比分位数回归估计方法遇到的困难更小。

5.4 实证研究

在第 3 章 3.2 节中，曾介绍期望分位数与分位数之间存在着一一对应关系。同时，本章 5.2.4 小节也详细阐述了如何利用 LCARE 模型估计分位数。为了验证 LCARE 模型的实际应用价值，我们考虑使用 LCARE 模型估计分位数，并与经典的 RiskMetrics 方法、Gaussion GARCH 模型（简称 GGARCH）、Student-t GARCH 模型（简称 TGARCH）、Gaussion GARCH-EVT 模型（简称 GGARCH-EVT）、Student-t GARCH-EVT 模型（简称 TGARCH-EVT）、分位数回归模型（简称 QAR）及 CAViaR 模型进行样本外预测对比。本章选取的样本为 S&P500 的日度收益率数据，样本期为从 2011 年 1 月 20 日至 2018 年 12 月 31 日共 2000 个观测值，其中后 500 作为样本外预测数据。这些数据均从雅虎金融（Yahoo Finance）下载，而日收益率则通过对 S&P500 的日度指数的对数数据求差分而得；简单而言，即为 $Y_t=\log(p_t/p_{t-1})$，其中 p_t 为股指日度价格。表 5.3 所示为收益率数据的汇总统计表。

表 5.3 S&P500 日度收益数据汇总统计表

Mean	Min	Median	Max	S.Dev.	Skew.	Kurt.
0.0003	−0.0689	0.0005	0.0484	0.0092	−0.5385	5.0952

我们可从表 5.3 观测到，S&P500 收益率数据的样本均值接近于零且分布函数稍微负偏，同时分布呈现出明显的“尖峰厚尾”的形状。图 5.1 展示了 S&P500 收益率数据的分布直方图及时间序列图，我们可以看到极端值多集中于 2012 欧债危机期间和受累于中美贸易战的 2018 年。在其他时间段内，股市较为平静。由于高波动率出现在样本首尾，也给 VaR 的样本外预测带来了一定的困难。

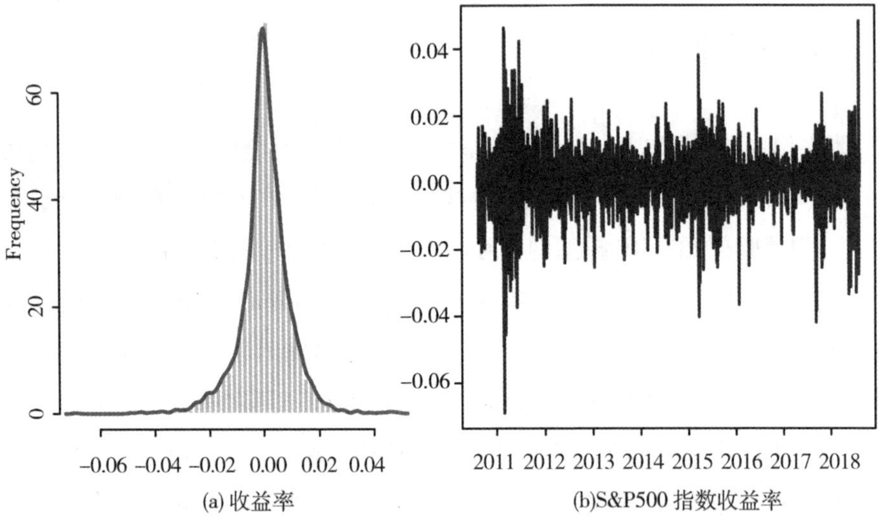

图 5.1　S&P500 收益率数据的分布直方图及时间序列图

在进行样本外对比时，我们选择的基础模型分别为：

（1）RM：RM 方法由 Morgan（1996）提出，它基于固定系数的 Gaussian GARCH(1,1) 模型，是业界估计 VaR 的最流行的方法；

（2）GGARCH：基础模型为 GARCH(1,1) 模型，假设扰动项服从标准正态分布；

（3）TGARCH：基础模型为 GARCH(1,1) 模型，假设扰动项服从自由度为 4 的 t 分布；

(4) GGARCH-EVT:McNeil and Frey(2000) 提出的 GARCH-EVT 模型，这里我们设置阈值为 5% 的非条件分位数；

(5) TGARCH-EVT:Student-t GARCH-EVT 模型将 Student-t GARCH (1,1) 模型与 EVT 方法结合起来，在 Kuester et al. (2006) 中表现较好，这里我们设置阈值为 5% 的非条件分位数；

(6) QAR:经典的分位数回归模型，在这里我们选取的模型形式为 $q_{t,\theta} = \alpha_{0,\theta} + \alpha_{1,\theta} Y_{t-1}$；

(7) CAViaR:Engle and Manganelli(2004) 提出的 CAViaR 模型，我们考虑其简单形式:$q_{t,\theta} = \alpha_{0,\theta} + \alpha_{1,\theta} Y_{t-1} + \beta_{1,\theta} q_{t-1,\theta}$。

考虑到 GARCH(1,1) 模型的流行程度，在这里我们考虑使用最简单的 LCARE(1,1) 模型，即

$$e_{t,\tau} = \alpha_{0,\tau} + \alpha_{1,\tau} Y_{t-1} + \beta_{1,\tau} e_{t-1,\tau}.$$

我们样本窗宽选择为 $n_1 = 1500$，通过滚动回归比较这些模型的表现。对于 LCARE 模型，我们还需要首先估计在每个 θ 水平下的 τ 值。作为 θ-分位数的估计量，我们设定当样本内观测值落在 LCARE 模型在某个水平期望分位数以下的点的比例为 θ 时，该概率水平为 τ。具体如下：为了求得 τ 的最优解，我们给定 τ 在 [0,1] 之间的一个格点集合，步长选择为 0.0001。τ 的最优值可以通过在格点之间进行线性插值得到。为了同时保证算法的速度和估计的准确性，我们选择每隔 10 个点重新估计一次 τ，它在滚动回归时的估计值见图 5.2。我们可以看到所有的 τ 的估计值都很平稳。

在评估以上各个模型样本外表现时，我们主要使用的指标为覆盖率 (coverage ratio)，即样本外观测值落在预测值以下的比例。另外，我们还计算了覆盖率的 p 值(括号中)，即原假设为完美覆盖率(给定的概率水平)条件下的显著性检验结果。这些结果列于表 5.4 中。

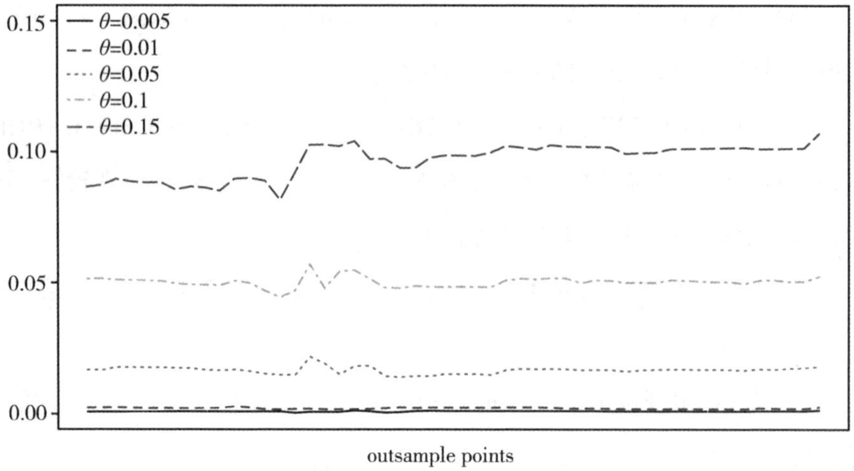

图 5.2　样本外不同 θ 对应的 τ 的估计值

表 5.4　样本外预测比较结果

VaR%	0.5%	1%	5%	10%	15%
RM	2.0% (0.0816)	3.0% (0.0066)	5.4% (0.6861)	10.0% (1.0000)	12.4% (0.1039)
GGARCH	1.8% (0.0818)	2.0% (0.0198)	4.8% (0.8400)	7.8% (0.1015)	11.4% (0.0240)
TGARCH	1.4% (0.0857)	1 .8% (0.0709)	5.6% (0.5438)	9.4% (0.6571)	13.0% (0.2116)
GGARCH-EVT	0.8% (0.3948)	1.2% (0.6767)	2.8% (0.0232)	4.4% (0.0000)	6.6% (0.0000)
TGARCH-EVT	0.4% (0.7856)	1.0% (1 .0000)	2.4% (0.0072)	3.4% (0.0000)	6.2% (0.0000)
QAR	1.4% (0.0857)	1 .6% (0.1905)	6.0% (0.3097)	7.6% (0.0737)	12.6% (0.1335)
CAViaR	1.4% (0.0857)	2.2% (0.0118)	4.2% (0.4174)	8.2% (0.1811)	12.4% (0.1039)
LCARE	1.0% (0.1232)	1.8% (0.0709)	4.4% (0.5438)	8.4% (0.2350)	12.6% (0.1335)

由表 5.4，我们发现，对于所有的 θ 值，只有 TGARCH 模型、QAR 模型与 LCARE 模型的覆盖率在 5%的显著性水平下均未拒绝原假设。其中，GGARCH 模型和 TGARCH 模型在 $\theta=0.5\%$ 和 $\theta=1\%$ 时表现较差，而在其他概率水平上表现较好。除了 CAViaR 模型在预测 $\theta=1\%$ 时的 VaR 表现较差外，QAR 模型、CAViaR 模型和 LCARE 模型在其他概率水平上都表现不错。特别的是，LCARE 模型在大部分条件下要优于 QAR 模型和 CAViaR 模型。值得说明的是，虽然增加了估计 τ 的过程，LCARE 模型算法速度仍然远优于 CAViaR 模型。RM 作为基准模型，在高概率水平如 $\theta=5\%$ 及 $\theta=10\%$ 时表现较好，而在低概率水平上表现较差。对于使用 EVT 方法的两个模型，它们在高概率水平上都表现得很不理想，位列所有模型中最差。然而，它们在极端概率如 $\theta=0.5\%$ 和 $\theta=1\%$ 时表现最好。由以上分析结果可知，在估计 VaR 时，LCARE 模型可以作为现有方法的有效补充。

5.5 本章小结

在本章中，我们首先提出了一族线性条件自回归期望分位数模型，其主要特点是可以包含期望分位数不同阶数的滞后值。LCARE 模型可以被改写为无限阶 CARE 模型。更重要的是，由于求解期望分位数的目标函数是连续可微的，因此可以使用它来估计线性 GARCH 模型和 CAViaR 模型，这样我们可以同时保证估计的准确性和简便性。为了估计此模型，本章采用了拟最大似然方法，并证明了 QMLE 的一致性和渐近正态性。通过蒙特卡洛模拟实验可知，QMLE 有良好的有限样本表现。而对 S&P500 指数收益率日度数据进行实证研究，我们发现，LCARE(1,1) 模型在预测分位数时比大部分经典模型的效果好。对于未来的研究，我们将考虑提出期望分位数条件下的预测检验。另外，非参数建模也是值得研究的方向。

5.6 附录

5.6.1 定理证明

1. 定理 5.1 证明

引理 5.1　假设$\boldsymbol{\theta}_0$是参数集合 Θ 的一个内点，对于任意$\boldsymbol{\theta} \in \Theta$和一个足够大的 n，假设：

（1）$\sup\limits_{\boldsymbol{\theta} \in \Theta} | QL_{n,\tau}(\boldsymbol{\theta}) - QL_{0,\tau}(\boldsymbol{\theta}) | \xrightarrow{\mathcal{P}} 0$；

（2）$QL_{0,\tau}(\boldsymbol{\theta})$ 在$\boldsymbol{\theta}_0$点取得唯一最大值；

（3）$QL_{n,\tau}(\boldsymbol{\theta})$ 是关于$\boldsymbol{\theta}$的凹函数。

那么，$\hat{\boldsymbol{\theta}}_n = \underset{\boldsymbol{\theta} \in \Theta}{\operatorname{argmax}} QL_{n,\tau}(\boldsymbol{\theta})$ 存在的概率接近 1，且有$\hat{\boldsymbol{\theta}}_n \xrightarrow{\mathcal{P}} \boldsymbol{\theta}_0$。

在这个证明中，我们主要验证引理 5.1 的条件(1)(2)(3) 均成立。对于条件(1)，我们需要验证$QL_{n,\tau}(\boldsymbol{\theta})$一致收敛于$QL_{0,\tau}(\boldsymbol{\theta}) \equiv E[QL_{n,\tau}(\boldsymbol{\theta})]$。由假设 D1 可知，$\boldsymbol{X}_t$是一个$\alpha$-mixing 过程，其规模系数为$-r/(r-2)$，$r>2$，因此根据假设 D2 和 White(2001) 的 Theorem 3.49，$\boldsymbol{W}_t$ 同样也是一个α-mixing 过程，且其规模参数与$\boldsymbol{X}_t$ 相同。基于同样的原因，对于所有的 t，$1 \leqslant t \leqslant n$ 和每一个$\boldsymbol{\theta} \in \Theta$，在假设 D3 的条件下，$e_\tau(\boldsymbol{w}_t, \boldsymbol{\theta})$ 和$ql_{t,\tau}(\boldsymbol{\theta})$ 也是规模参数为$-r/(r-2)$ 的α-mixing 序列。现在，给定$r>2$和$\epsilon/2>0$，那么存在一个常数 $n_{r,\epsilon}$ 使得

$$E(|ql_{t,\tau}(\boldsymbol{\theta})|^{r+\epsilon/2}) \leqslant n_{r,\epsilon} E(|\varepsilon_{t\tau}|^{2r+\epsilon} + |e_\tau(\boldsymbol{w}_t, \boldsymbol{\theta}_0) - e_\tau(\boldsymbol{w}_t, \boldsymbol{\theta})|^{2r+\epsilon}),$$

其中，由假设 D5 可知$E(|\varepsilon_{t\tau}|^{2r+\epsilon}) < \infty$。另外，根据假设 D6 和$\Theta$紧集的事实，我们可以在$\boldsymbol{\theta}_0$点对$e_\tau(\boldsymbol{w}_t, \boldsymbol{\theta})$ 进行二阶泰勒展开，即

$$E[|e_\tau(\boldsymbol{w}_t, \boldsymbol{\theta}_0) - e_\tau(\boldsymbol{w}_t, \boldsymbol{\theta})|^{2r+\epsilon}]$$

$$= E[|\nabla e_\tau(\boldsymbol{w}_t, \bar{\boldsymbol{\theta}}_0)(\boldsymbol{\theta} - \boldsymbol{\theta}_0)|^{2r+\epsilon}] < \infty,$$

其中，$\bar{\boldsymbol{\theta}}_0$ 是$\boldsymbol{\theta}_0$ 和 $\boldsymbol{\theta}$ 的中间点。综上分析，同时根据 White(2001) 的 Corollary 3.48，即关于 α-mixing 序列的弱大数律(weak law of large numbers，WLLN)，可得 $n^{-1}\sum_{t=1}^{n} ql_{t,\tau}(\boldsymbol{\theta}) \xrightarrow{\mathcal{P}} n^{-1}\sum_{t=1}^{n} E[ql_{t,\tau}(\boldsymbol{\theta})]$。更进一步，对于每个 t，$1 \leqslant t \leqslant n$，由于 $ql_{t,\tau}(\boldsymbol{\theta})$ 是凹函数，这样可知$\{-QL_{n,\tau}(\boldsymbol{\theta})\}$是一个随机凸函数序列。最后，根据 Pollard(1991) 中的凸性定理(Convexity Lemma)，我们有

$$\sup_{\boldsymbol{\theta}\in\Theta} |QL_{n,\tau}(\boldsymbol{\theta}) - QL_{0,\tau}(\boldsymbol{\theta})| \xrightarrow{\mathcal{P}} 0,$$

其中，Θ 为紧集，条件(1) 证毕。

为了证明条件(2)，即$QL_{0,\tau}(\boldsymbol{\theta})$ 在$\boldsymbol{\theta}_0$ 取得最大值，我们将首先介绍一些新的标号。令 $R_\tau(\boldsymbol{\theta}) = E[ql_{t,\tau}(\boldsymbol{\theta})]$，$h_{t,\tau}(\boldsymbol{\theta}) = \partial ql_{t,\tau}(\boldsymbol{\theta})/\partial\boldsymbol{\theta} = 2w_{t,\tau}(\boldsymbol{\theta}) \nabla e_\tau(\boldsymbol{w}_t,\boldsymbol{\theta})(Y_t - e_\tau(\boldsymbol{w}_t,\boldsymbol{\theta}))$。易知$|h_{t,\tau}(\boldsymbol{\theta})| \leqslant 2|\nabla e_\tau(\boldsymbol{w}_t,\boldsymbol{\theta})(Y_t - e_\tau(\boldsymbol{w}_t,\boldsymbol{\theta}))|$，则有

$$\begin{aligned}
&E[|\nabla e_\tau(\boldsymbol{w}_t,\boldsymbol{\theta})\{Y_t - e_\tau(\boldsymbol{w}_t,\boldsymbol{\theta})\}|] \\
&= E[|\nabla e_\tau(\boldsymbol{w}_t,\boldsymbol{\theta})(\varepsilon_{t\tau} + e_\tau(\boldsymbol{w}_t,\boldsymbol{\theta}_0) - e_\tau(\boldsymbol{w}_t,\boldsymbol{\theta}))|].
\end{aligned}$$

其中，根据假设 D6，有 $E[|\nabla e_\tau(\boldsymbol{w}_t,\boldsymbol{\theta})\varepsilon_{t\tau}|] < \infty$，及

$$\begin{aligned}
&E[|\nabla e_\tau(\boldsymbol{w}_t,\boldsymbol{\theta})(e_\tau(\boldsymbol{w}_t,\boldsymbol{\theta}_0) - e_\tau(\boldsymbol{w}_t,\boldsymbol{\theta}))|] \\
&= E[|\nabla e_\tau(\boldsymbol{w}_t,\boldsymbol{\theta})\ \nabla^{\mathrm{T}} e_\tau(\boldsymbol{w}_t,\bar{\boldsymbol{\theta}}_1)|]\,|\boldsymbol{\theta} - \boldsymbol{\theta}_0| < \infty,
\end{aligned}$$

而$\bar{\boldsymbol{\theta}}_1$ 是$\boldsymbol{\theta}_0$ 和$\boldsymbol{\theta}$之间的某点。因此$h_t(\boldsymbol{\theta})$ 可以被任意$\boldsymbol{\theta}$的领域上的可积函数一致约束。由此可得

$$\begin{aligned}
\frac{\partial R(\boldsymbol{\theta})}{\partial\boldsymbol{\theta}} &= E[h_t(\boldsymbol{\theta})] \\
&= -2E\{\nabla e_\tau(\boldsymbol{w}_t,\boldsymbol{\theta})[\tau\int_{e_\tau(\boldsymbol{w}_t,\boldsymbol{\theta})}^{\infty}(Y_t - e_\tau(\boldsymbol{w}_t,\boldsymbol{\theta}))f(y|\boldsymbol{w}_t)\mathrm{d}y \\
&\quad + (1-\tau)\int_{-\infty}^{e_\tau(\boldsymbol{w}_t,\boldsymbol{\theta})}(Y_t - e_\tau(\boldsymbol{w}_t,\boldsymbol{\theta}))f(y|\boldsymbol{w}_t)\mathrm{d}y]\},
\end{aligned}$$

其中，$f(y|\boldsymbol{w}_t)$是 Y_t 在给定$\boldsymbol{W}_t = \boldsymbol{w}_t$ 时的条件概率密度函数。由于$\int_{\infty}^{z}(y -$

$z)f(y|\boldsymbol{w}_t)\mathrm{d}y$ 对于 z 连续可微，而且它的导数 $-\int_{-\infty}^{z}f(y|\boldsymbol{w}_t)\mathrm{d}y$ 被 1 一致约束，我们可以推得 $\frac{\partial R(\boldsymbol{\theta})}{\partial\boldsymbol{\theta}}$ 是连续可微的。因此，我们有

$$\frac{\partial^2 R_\tau(\boldsymbol{\theta})}{\partial\boldsymbol{\theta}\partial\boldsymbol{\theta}^{\mathrm{T}}}=2E\{\nabla e_\tau(\boldsymbol{w}_t,\boldsymbol{\theta})\nabla^{\mathrm{T}}e_\tau(\boldsymbol{w}_t,\boldsymbol{\theta})[\tau\int_{e_\tau(\boldsymbol{w}_t,\boldsymbol{\theta})}^{\infty}f(y|\boldsymbol{w}_t)\mathrm{d}y$$

$$+(1-\tau)\int_{-\infty}^{e_\tau(\boldsymbol{w}_t,\boldsymbol{\theta})}f(y|\boldsymbol{w}_t)\mathrm{d}y]\}$$

$$=2E[\nabla e_\tau(\boldsymbol{w}_t,\boldsymbol{\theta})\nabla^{\mathrm{T}}e_\tau(\boldsymbol{w}_t,\boldsymbol{\theta})w_t(\boldsymbol{\theta})].$$

令 $\zeta=\min(\tau,1-\tau)$，由假设 D(4) 可知 $\frac{\partial^2 R_\tau(\boldsymbol{\theta})}{\partial\boldsymbol{\theta}\partial\boldsymbol{\theta}^{\mathrm{T}}}+2\zeta E[\nabla e_\tau(\boldsymbol{w}_t,\boldsymbol{\theta})\nabla^{\mathrm{T}}e_\tau(\boldsymbol{w}_t,\boldsymbol{\theta})]$ 是半负定的。对于每个 $\boldsymbol{\theta}\in\Theta$，在一个固定点 $\tilde{\boldsymbol{\theta}}$ 对 $R(\boldsymbol{\theta})$ 进行二阶泰勒展开，可得

$$R_\tau(\boldsymbol{\theta})-R_\tau(\tilde{\boldsymbol{\theta}})$$

$$=\frac{\partial R_\tau(\tilde{\boldsymbol{\theta}})}{\partial\boldsymbol{\theta}^{\mathrm{T}}}(\boldsymbol{\theta}-\tilde{\boldsymbol{\theta}})+(\boldsymbol{\theta}-\tilde{\boldsymbol{\theta}})\nabla^{\mathrm{T}}\frac{\partial^2 R_\tau(\bar{\boldsymbol{\theta}}_2)}{\partial\boldsymbol{\theta}\partial\boldsymbol{\theta}^{\mathrm{T}}}(\boldsymbol{\theta}-\tilde{\boldsymbol{\theta}})$$

$$=\frac{\partial R_\tau(\tilde{\boldsymbol{\theta}})}{\partial\boldsymbol{\theta}^{\mathrm{T}}}(\boldsymbol{\theta}-\tilde{\boldsymbol{\theta}})-2(\boldsymbol{\theta}-\tilde{\boldsymbol{\theta}})\nabla^{\mathrm{T}}E[\nabla e_\tau(\boldsymbol{w}_t,\bar{\boldsymbol{\theta}}_2)\nabla^{\mathrm{T}}e_\tau(\boldsymbol{w}_t,\bar{\boldsymbol{\theta}}_2)w_{t,\tau}(\bar{\boldsymbol{\theta}}_2)]$$

$$(\boldsymbol{\theta}-\tilde{\boldsymbol{\theta}})$$

$$\leqslant\frac{\partial R_\tau(\tilde{\boldsymbol{\theta}})}{\partial\boldsymbol{\theta}^{\mathrm{T}}}(\boldsymbol{\theta}-\tilde{\boldsymbol{\theta}})-2\zeta M_e\|\boldsymbol{\theta}-\tilde{\boldsymbol{\theta}}\|^2,\tag{5.6.1}$$

其中，$\bar{\boldsymbol{\theta}}_2$ 是 $\boldsymbol{\theta}_0$ 和 $\boldsymbol{\theta}$ 中间的某点，而 $M_e>0$ 是矩阵 $E[\nabla e_\tau(\boldsymbol{w}_t,\bar{\boldsymbol{\theta}}_2)\nabla^{\mathrm{T}}e_\tau(\boldsymbol{w}_t,\bar{\boldsymbol{\theta}}_2)w_{t,\tau}(\bar{\boldsymbol{\theta}}_2)]$ 的最小特征值。由以上不等式，可知在某个以 $\tilde{\boldsymbol{\theta}}$ 为中心的闭球之外的点 $\boldsymbol{\theta}$，我们有 $R_\tau(\tilde{\boldsymbol{\theta}})>R_\tau(\boldsymbol{\theta})$。根据 $R_\tau(\boldsymbol{\theta})$ 的连续性，可知它在这个球内有一个极大值 $\boldsymbol{\theta}_0$。因此，根据 $R_\tau(\boldsymbol{\theta}_0)\leqslant R_\tau(\tilde{\boldsymbol{\theta}})$，$\boldsymbol{\theta}_0$ 是一个全局

最大值。更进一步，由于$\frac{\partial R_\tau(\boldsymbol{\theta}_0)}{\partial \boldsymbol{\theta}}=0$和$R_\tau(\boldsymbol{\theta})$的凹性，根据式(5.6.1)和$\tilde{\boldsymbol{\theta}}=\boldsymbol{\theta}_0$可知$R_\tau(\boldsymbol{\theta})$在$\boldsymbol{\theta}_0$取得唯一最小值。

最后，对于每个t，$1\leqslant t\leqslant n$，由$ql_{t,\tau}(\boldsymbol{\theta})$的凹性可知条件(3)自动满足，因此我们证得$\hat{\boldsymbol{\theta}}_n$依概率收敛于$\boldsymbol{\theta}_0$。

2. 定理5.2证明

定理5.2的证明主要用到Huber(1967)和Weiss(1991)中的结果。需要说明的是，Weiss(1991)将Huber定理推广到α-mixing条件下。首先，我们将介绍一些标号。令$\boldsymbol{\lambda}_{n,\tau}(\boldsymbol{\theta})=n^{-1}\sum_{t=1}^{n}E[\nabla ql_{t,\tau}(\boldsymbol{\theta})]$，其中$\nabla ql_{t,\tau}(\boldsymbol{\theta})\equiv 2w_{t,\tau}(\boldsymbol{\theta})\nabla e_\tau(\boldsymbol{w}_t,\boldsymbol{\theta})(Y_t-e_\tau(\boldsymbol{w}_t,\boldsymbol{\theta}))$，$\mu_{t,\tau}(\boldsymbol{\theta},d)=\sup_{\|\vartheta-\boldsymbol{\theta}\|\leqslant d}\|\nabla ql_{t,\tau}(\vartheta)-\nabla ql_{t,\tau}(\boldsymbol{\theta})\|$，和$\tilde{\boldsymbol{D}}_{n,\tau}=\frac{2}{n}\sum_{t=1}^{n}E[\nabla e_\tau(\boldsymbol{w}_t,\boldsymbol{\theta}_0)\nabla^{\mathrm{T}}e_\tau(\boldsymbol{w}_t,\boldsymbol{\theta}_0)w_{t,\tau}(\boldsymbol{\theta}_0)]$。在随后的分析中，如果不引起混淆，我们会将$w_{t,\tau}(\boldsymbol{\theta})$、$g_{t,\tau}(\boldsymbol{\theta})$、$\boldsymbol{\lambda}_{n,\tau}(\boldsymbol{\theta})$、$\mu_{t,\tau}(\boldsymbol{\theta},d)$和$\tilde{\boldsymbol{D}}_{n,\tau}$中的$\tau$去掉。

值得说明的是，Weiss(1991)中定理3的(N1)、(N4)和(N5)条件很容易被验证，因此我们在这里只证明条件(N2)、(N3)和$n^{-\frac{1}{2}}\sum_{t=1}^{n}\nabla ql_t(\hat{\boldsymbol{\theta}}_n)=o_p(1)$。根据一阶条件可知$\nabla ql_t(\boldsymbol{\theta}_0)=2E[E\{w_t(\boldsymbol{\theta}_0)(Y_t-e_\tau(\boldsymbol{w}_t,\boldsymbol{\theta}_0))\mid\mathcal{F}_t\}\nabla e_\tau(\boldsymbol{w}_t,\boldsymbol{\theta}_0)]=0$，那么$\boldsymbol{\lambda}_n(\boldsymbol{\theta}_0)=n^{-1}\sum_{t=1}^{n}E[\nabla ql_t(\boldsymbol{\theta}_0)]=0$，所以条件(N2)满足。根据引理5.2，Weiss(1991)中的条件(N3)得到了证明。因为拟似然函数$QL_n^\tau(\boldsymbol{\theta})$是凸性的且拥有连续，同时它在$\hat{\boldsymbol{\theta}}_n$点取得最大值，由此可知$\sum_{t=1}^{n}g_t(\hat{\boldsymbol{\theta}}_n)=0$。由以上分析可知，Huber定理的条件全部满足，因此我们有

$$\sqrt{n}\boldsymbol{\lambda}_n(\hat{\boldsymbol{\theta}}_n)=-\frac{1}{\sqrt{n}}\sum_{t=1}^{n}\nabla ql_t(\boldsymbol{\theta}_0)+o_p(1).\tag{5.6.2}$$

对上式应用 Slutsky 定理，同时根据 $\hat{\boldsymbol{\theta}}$ 的一致性，可得

$$\sqrt{n}\boldsymbol{\lambda}_n(\hat{\boldsymbol{\theta}}_n) = \tilde{\boldsymbol{D}}_n\sqrt{n}(\hat{\boldsymbol{\theta}} - \boldsymbol{\theta}_0) + o_p(1). \tag{5.6.3}$$

结合式(5.6.2) 和式(5.6.3) 可得

$$\tilde{\boldsymbol{D}}_n\sqrt{n}(\hat{\boldsymbol{\theta}} - \boldsymbol{\theta}_0) = -\frac{1}{\sqrt{n}}\sum_{t=1}^{n} \nabla ql_t(\boldsymbol{\theta}_0) + o_p(1).$$

同定理 5.1 的分析相似，我们知道$\nabla ql_t(\boldsymbol{\theta}_0)$ 也是一个 α-mixing 过程序列，对于 $r > 2$ 和 $\epsilon > 0$ 满足：

$$E[\| \nabla ql_t(\boldsymbol{\theta}_0) \|^{r+\epsilon}] \leqslant 2^{r+\epsilon}E[\| \nabla e_\tau(\boldsymbol{w}_t,\boldsymbol{\theta})(Y_t - e_\tau(\boldsymbol{w}_t,\boldsymbol{\theta})) \|^{r+\epsilon}] < \infty,$$

由 White(2001) 中的 Theorem 5.20，即 α-mixing 变量序列的中心极限定理，有

$$\frac{1}{\sqrt{n}}\sum_{t=1}^{n} \nabla ql_t(\boldsymbol{\theta}_0) \xrightarrow{\mathcal{L}} \mathcal{N}(0,\boldsymbol{V}(\boldsymbol{\theta}_0)),$$

其中，

$$\boldsymbol{V}(\boldsymbol{\theta}_0) = \mathrm{Var}\left(\frac{1}{\sqrt{n}}\sum_{t=1}^{n} \nabla ql_t(\boldsymbol{\theta}_0)\right).$$

当存在模型正确设定条件时，根据一阶条件，

$$E[w_t(\boldsymbol{\theta}_0)\varepsilon_{t\tau} \nabla e_\tau(\boldsymbol{w}_t,\boldsymbol{\theta}) \mid \mathcal{F}_t] = \nabla e_\tau(\boldsymbol{w}_t,\boldsymbol{\theta})E[w_t(\boldsymbol{\theta}_0)\varepsilon_{t\tau} \mid \mathcal{F}_t] = 0.$$

因此，对于所有 t，$t = 1,2,\cdots,n$，$w_t(\boldsymbol{\theta}_0)\varepsilon_{t\tau}$ 序列满足以下鞅差分性质：

$$E[w_{t,\tau}(\boldsymbol{\theta}_0)\varepsilon_{t,\tau} \mid \mathcal{F}_t] = 0,$$

继而可得

$$\boldsymbol{V}(\boldsymbol{\theta}_0) = n^{-1}\sum_{t=1}^{n} E[\nabla ql_t(\boldsymbol{\theta}_0) \nabla^{\mathrm{T}} ql_t(\boldsymbol{\theta}_0)].$$

另外，

$$\begin{aligned}\boldsymbol{D}_n &= n^{-1}\sum_{t=1}^{n} E[\nabla^2 ql_t(\boldsymbol{\theta}_0)] \\ &= \frac{2}{n}\sum_{t=1}^{n} E[\nabla e_\tau(\boldsymbol{w}_t,\boldsymbol{\theta}_0) \nabla^{\mathrm{T}} e_\tau(\boldsymbol{w}_t,\boldsymbol{\theta}_0)w_t(\boldsymbol{\theta}_0)] = \tilde{\boldsymbol{D}}_n,\end{aligned}$$

由此定理证毕。

引理 5.2　在假设 D 条件下，给定一个正常数 d 和足够大的 n，对于满

足 $\|\boldsymbol{\theta}-\boldsymbol{\theta}_0\| \leqslant d$ 及 $1 \leqslant t \leqslant n$ 的所有 $\boldsymbol{\theta}$ 和所有 t, 存在

(1) 正常数 a, 使得 $\|\boldsymbol{\lambda}_n(\boldsymbol{\theta})\| \geqslant a\|\boldsymbol{\theta}-\boldsymbol{\theta}_0\|$;

(2) 正常数 b, 使得 $E\|\mu_t(\boldsymbol{\theta},d)\| \leqslant bd$;

(3) 正常数 c, 使得 $E\|\mu_t(\boldsymbol{\theta},d)\|^2 \leqslant cd$。

5.6.2 技术引理证明

引理 5.1 证明：易知最大化函数 $QL_{n,\tau}(\boldsymbol{\theta})$ 等价于最小于 $-QL_{n,\tau}(\boldsymbol{\theta})$。因此，引理5.1可根据Newey and Powell(1987)的Lemma A简单变换得到。

引理 5.2 证明：对于引理 5.2(1)，因为有

$$
\begin{aligned}
\lambda_n(\boldsymbol{\theta}) &= n^{-1}\sum_{t=1}^{n} E[\nabla ql_t(\boldsymbol{\theta})] \\
&= \frac{2}{n}\sum_{t=1}^{n} E[w_t(\boldsymbol{\theta},\tau)\ \nabla e_\tau(\boldsymbol{w}_t,\boldsymbol{\theta})(Y_t - e_\tau(\boldsymbol{w}_t,\boldsymbol{\theta}))] \\
&= \frac{2}{n}\sum_{t=1}^{n} \{\nabla e_\tau(\boldsymbol{w}_t,\boldsymbol{\theta})[\tau\int_{e_\tau(\boldsymbol{w}_t,\boldsymbol{\theta})}^{\infty}(Y_t - e_\tau(\boldsymbol{w}_t,\boldsymbol{\theta}))f(y\,|\,\boldsymbol{w}_t)\mathrm{d}y \\
&\quad + (1-\tau)\int_{-\infty}^{e_\tau(\boldsymbol{w}_t,\boldsymbol{\theta})}(Y_t - e_\tau(\boldsymbol{w}_t,\boldsymbol{\theta}))f(y\,|\,\boldsymbol{w}_t)\mathrm{d}y]\},
\end{aligned}
$$

使得

$$
\begin{aligned}
&\frac{\partial\lambda_n(\boldsymbol{\theta})}{\partial\boldsymbol{\theta}} \\
&= \frac{2}{n}\sum_{t=1}^{n}\left\{\nabla e_\tau(\boldsymbol{w}_t,\boldsymbol{\theta})\ \nabla^{\mathrm{T}} e_\tau(\boldsymbol{w}_t,\boldsymbol{\theta})[\tau\int_{e_\tau(\boldsymbol{w}_t,\boldsymbol{\theta})}^{\infty} f(y\,|\,\boldsymbol{w}_t)\mathrm{d}y + (1-\tau)\right. \\
&\qquad \left.\int_{-\infty}^{e_\tau(\boldsymbol{w}_t,\boldsymbol{\theta})} f(y\,|\,\boldsymbol{w}_t)\mathrm{d}y]\right\} \\
&= \frac{2}{n}\sum_{t=1}^{n} E[\nabla e_\tau(\boldsymbol{w}_t,\boldsymbol{\theta})\ \nabla^{\mathrm{T}} e_\tau(\boldsymbol{w}_t,\boldsymbol{\theta}) w_t(\boldsymbol{\theta})].
\end{aligned}
$$

由于 $\lambda_n(\boldsymbol{\theta}_0)=0$ 条件下，对 $\lambda_n(\boldsymbol{\theta})$ 在$\boldsymbol{\theta}_0$ 点使用中值定理展开，可得

$$
\lambda_n(\boldsymbol{\theta}) = \frac{2}{n}\sum_{t=1}^{n} E[\nabla e_\tau(\boldsymbol{w}_t,\tilde{\boldsymbol{\theta}})\ \nabla^{\mathrm{T}} e_\tau(\boldsymbol{w}_t,\tilde{\boldsymbol{\theta}}) w_t(\tilde{\boldsymbol{\theta}})](\boldsymbol{\theta}-\boldsymbol{\theta}_0),
$$

其中，$\tilde{\boldsymbol{\theta}}$ 是 $\boldsymbol{\theta}$ 和 $\boldsymbol{\theta}_0$ 中间的某个点。接下来，我们将证明：

$$E\left[\frac{2}{n}\sum_{t=1}^{n} \nabla e_\tau(\boldsymbol{w}_t, \tilde{\boldsymbol{\theta}}) \nabla^{\mathrm{T}} e_\tau(\boldsymbol{w}_t, \tilde{\boldsymbol{\theta}}) w_t(\tilde{\boldsymbol{\theta}})\right] \to \tilde{\boldsymbol{D}}_n + O(\|\boldsymbol{\theta} - \boldsymbol{\theta}_0\|).$$

为了达到这个目的，需要证明：

$$\begin{aligned}
&\left\| n^{-1}\sum_{t=1}^{n} E[\nabla e_\tau(\boldsymbol{w}_t, \tilde{\boldsymbol{\theta}}) \nabla^{\mathrm{T}} e_\tau(\boldsymbol{w}_t, \tilde{\boldsymbol{\theta}}) w_t(\tilde{\boldsymbol{\theta}}) - \nabla e_\tau(\boldsymbol{w}_t, \boldsymbol{\theta}_0) \nabla^{\mathrm{T}} \right.\\
&\qquad \left. e_\tau(\boldsymbol{w}_t, \boldsymbol{\theta}_0) w_t(\boldsymbol{\theta}_0)] \right\| \\
&\leqslant \left\| n^{-1}\sum_{t=1}^{n} E[\nabla e_\tau(\boldsymbol{w}_t, \tilde{\boldsymbol{\theta}}) \nabla^{\mathrm{T}} e_\tau(\boldsymbol{w}_t, \tilde{\boldsymbol{\theta}}) w_t(\tilde{\boldsymbol{\theta}}) - \nabla e_\tau(\boldsymbol{w}_t, \boldsymbol{\theta}_0) \nabla^{\mathrm{T}} \right.\\
&\qquad e_\tau(\boldsymbol{w}_t, \tilde{\boldsymbol{\theta}}) w_t(\tilde{\boldsymbol{\theta}}) + \nabla e_\tau(\boldsymbol{w}_t, \boldsymbol{\theta}_0) \nabla^{\mathrm{T}} e_\tau(\boldsymbol{w}_t, \tilde{\boldsymbol{\theta}}) w_t(\tilde{\boldsymbol{\theta}}) - \nabla e_\tau(\boldsymbol{w}_t, \boldsymbol{\theta}_0) \nabla^{\mathrm{T}}\\
&\qquad e_\tau(\boldsymbol{w}_t, \boldsymbol{\theta}_0) w_t(\tilde{\boldsymbol{\theta}}) + \nabla e_\tau(\boldsymbol{w}_t, \boldsymbol{\theta}_0) \nabla^{\mathrm{T}} e_\tau(\boldsymbol{w}_t, \boldsymbol{\theta}_0) w_t(\tilde{\boldsymbol{\theta}}) - \nabla e_\tau(\boldsymbol{w}_t, \boldsymbol{\theta}_0) \nabla^{\mathrm{T}}\\
&\qquad \left. e_\tau(\boldsymbol{w}_t, \boldsymbol{\theta}_0) w_t(\boldsymbol{\theta}_0)] \right\| \\
&\leqslant n^{-1}\sum_{t=1}^{n} E[M(\mathcal{F}_t, \tilde{\boldsymbol{\theta}}, \boldsymbol{\theta}_0)B(\mathcal{F}_t) + B(\mathcal{F}_t)M(\mathcal{F}_t, \tilde{\boldsymbol{\theta}}, \boldsymbol{\theta}_0) + CB^3(\mathcal{F}_t)\\
&\qquad \|\boldsymbol{\theta} - \boldsymbol{\theta}_0\|] \leqslant n^{-1}\sum_{t=1}^{n}(2M_0 + B_0 C)\|\boldsymbol{\theta} - \boldsymbol{\theta}_0\|\\
&= O(\|\boldsymbol{\theta} - \boldsymbol{\theta}_0\|),
\end{aligned}$$

其中，

$$\begin{aligned}
&E[|w_t(\tilde{\boldsymbol{\theta}}) - w_t(\boldsymbol{\theta}_0)| \mid \boldsymbol{w}_t]\\
&\leqslant E[|I(Y_t < e_\tau(\boldsymbol{w}_t, \tilde{\boldsymbol{\theta}})) - I(Y_t < e_\tau(\boldsymbol{w}_t, \boldsymbol{\theta}_0))|]\\
&= |F_{\varepsilon_t}(e_\tau(\boldsymbol{w}_t, \tilde{\boldsymbol{\theta}}) - e_\tau(\boldsymbol{w}_t, \boldsymbol{\theta}_0)) - F_{\varepsilon_t}(0)|\\
&= |f_{\varepsilon_t}(0) \nabla e_\tau(\boldsymbol{w}_t, \bar{\boldsymbol{\theta}}_3)| \cdot \|\tilde{\boldsymbol{\theta}} - \boldsymbol{\theta}_0\|\\
&\leqslant C|\nabla e_\tau(\boldsymbol{w}_t, \bar{\boldsymbol{\theta}}_3)| \cdot \|\boldsymbol{\theta} - \boldsymbol{\theta}_0\|,
\end{aligned}$$

而 $\bar{\boldsymbol{\theta}}_3$ 位于 $\tilde{\boldsymbol{\theta}}$ 和 $\boldsymbol{\theta}_0$ 中间。因此，

$$\lambda_n(\boldsymbol{\theta}) = \tilde{\boldsymbol{D}}_n(\boldsymbol{\theta} - \boldsymbol{\theta}_0) + O(\|\boldsymbol{\theta} - \boldsymbol{\theta}_0\|^2). \tag{5.6.4}$$

由上易知，引理 5.2(1) 得证。对于(3)，有

$$\begin{aligned}\mu_t(\boldsymbol{\theta},d) &= \sup_{\|\vartheta-\boldsymbol{\theta}\|\leqslant d}\|\nabla ql_t(\vartheta)-\nabla ql_t(\boldsymbol{\theta})\|\\ &= 2\sup_{\|\vartheta-\boldsymbol{\theta}\|\leqslant d}\|w_t(\boldsymbol{\theta})\nabla e_\tau(\boldsymbol{w}_t,\boldsymbol{\theta})(Y_t-e_\tau(\boldsymbol{w}_t,\boldsymbol{\theta}))-w_t(\vartheta)\\ &\quad\nabla e_\tau(\boldsymbol{w}_t,\vartheta)(Y_t-e_\tau(\boldsymbol{w}_t,\vartheta))\|\\ &\leqslant 2\sup_{\|\vartheta-\boldsymbol{\theta}\|\leqslant d}\|\nabla e_\tau(\boldsymbol{w}_t,\boldsymbol{\theta})(Y_t-e_\tau(\boldsymbol{w}_t,\boldsymbol{\theta}))-\nabla e_\tau(\boldsymbol{w}_t,\vartheta)\\ &\quad(Y_t-e_\tau(\boldsymbol{w}_t,\vartheta))\|\\ &\leqslant 2\max\|\nabla e_\tau(\boldsymbol{w}_t,\boldsymbol{\theta})\|\sup_{\|\vartheta-\boldsymbol{\theta}\|\leqslant d}\|e_\tau(\boldsymbol{w}_t,\vartheta)-e_\tau(\boldsymbol{w}_t,\boldsymbol{\theta})\|\\ &\leqslant 2B(\mathcal{F}_t)\|\vartheta-\boldsymbol{\theta}\|\sup_{\|\vartheta-\boldsymbol{\theta}\|\leqslant d}\|\nabla e_\tau(\boldsymbol{w}_t,\bar{\boldsymbol{\theta}}_4)\|\\ &= 2B^2(\mathcal{F}_t)\|\vartheta-\boldsymbol{\theta}\|\end{aligned}$$

其中，$\bar{\boldsymbol{\theta}}_4$ 在 $\boldsymbol{\theta}$ 和 ϑ 中间某点。由以上推导可知 $E[\mu_t(\boldsymbol{\theta},d)]\leqslant B_0\|\vartheta-\boldsymbol{\theta}\|=O(d)$，因此(2) 得证。最后，对于引理 5.2(3)，有

$$E(\|\mu_t(\boldsymbol{\theta},d)\|^2)\leqslant 4E(B^4(\mathcal{F}_t))\|\vartheta-\boldsymbol{\theta}\|\leqslant 4B_0\|\vartheta-\boldsymbol{\theta}\|=O(d).$$

综上可知，引理 5.2 证毕。

第 6 章
变系数条件自回归期望分位数模型

6.1 引言

自金融危机爆发之后，有效的风险管理以及准确的风险测度对于金融企业越来越重要。然而，由于风险形成的内部机制在不断变化，因此测度风险的方法也应该与时俱进。1952 年，Markowitz (1952)提出使用方差(标准差)作为风险测度指标，随后它迅速成为风险管理界的标杆。但方差(标准差)被 20 世纪 90 年代兴起的 VaR 所取代，因为 VaR 仅使用几个简单的数字就能让人迅速了解投资组合包含的风险信息。在巴塞尔银行监督委员会强制要求各大商业银行使用 VaR 作为它们的市场风险测度指标后，VaR 逐步成为金融行业高级风险管理师的必备工具。在 VaR 诞生后不久，一场关于风险测度指标所应满足的性质的讨论拉开帷幕，并最终以 Artzner et al. (1999)提出著名的一致性风险测度而宣告阶段性的结束。由于 VaR 不满足一致性，同时其对极端值不敏感，一个更合适的风险测度 ES 应运而生。正如前文介绍的，巴塞尔银行监督委员会推荐各大金融机构在公司内部市场风险模型中使用 ES。ES 是一个一致性风险测度，而且由于它是通过对分布函数的尾部进行加权平均而求得，因此又能对极端值迅速产生反应。阻碍 ES 成为一个完美的风险测度指标的因素是它不能通过最小化一个损失函数估计，因而不能直接比较不同 ES 模型的预测效果。这种直接比较不同模型的预测效果的能力被称为可导出性(elicitability，具体定义参见第 1 章)，而可导出性被 Gneiting(2011)证明与回测存在相关关系。很显然，在实务上，我们不能直接对 ES 模型进行回测。在这个背景下，期望分位数作为一个同时具有一致性和可导出性的风险测度指标，在近些年来被广泛研究。相关的研究包括 Taylor(2008)，Kuan et al.(2009)，De Rossi and Harvey(2009)，Xie et al.(2014)，Ehm et al.(2016)，Daouia et al.(2018)等。本书将在此基础上，研究期望分位数的建模与估计问题。

Engle and Manganelli(2004)在估计时变 VaR 时提出了著名的 CAViaR 模型，随后直接对 VaR 进行自回归建模成为了研究中的主流。CAViaR 模型的主要思想是，由于在金融市场中存在着波动聚集现象且分位数与衡量波动率的标准差存在相关关系，因而在使用 GARCH 模型对波动率建模的同时，也应该在分位数回归中引入分位数的滞后项。另外，期望分位数实际上也是一个分位点，所以关于分位数的估计和期望分位数有很强的可类比性。本章借鉴这一思想，将期望分位数的滞后项引入模型中，建立了关于期望分位数的动态自回归模型。更进一步，由于尾部相依结构被广泛认为是非线性且非对称的，所以我们的模型采用了变系数的框架。使用这个非参数回归框架的优势是模型更具灵活性，而且还有助于对的变量的尾部相依结构隐含的时变性进行研究。然而，VaR 的滞后值虽然在 t 时间可知但不可观测，因此 CAViaR 类模型的估计成为了学术界的难题。同样，在本书第 5 章，我们也讨论了包含滞后因子的自回归条件期望分位数模型的估计方法，这一方法在本章同样适用。

本章剩余部分的内容安排如下：在第 6.2 节中，我们将介绍本书提出的模型并建立 QMLE 的渐近性质；第 6.3 节将使用蒙特卡洛模拟验证估计量的有限样本表现；在 6.4 节中，我们将对本章进行总结；所有的证明细节我们都放在第 6.5 节附录中。

6.2　模型框架

在本节，我们将分别介绍模型设定、拟最大似然估计方法和估计步骤。

6.2.1 模型设定及估计

假设$(Y_t,\boldsymbol{U}_t,\boldsymbol{X}_t),t=1,2,\cdots,T$是一个严平稳随机向量序列，其中$Y_t$是目标变量，$\boldsymbol{U}_t$和$\boldsymbol{X}_t$均是外生变量组成的向量。令$\mathcal{F}_t=\sigma\{(Y_1,\boldsymbol{U}_1,\boldsymbol{X}_1),\cdots,(Y_{t-1},\boldsymbol{U}_{t-1},\boldsymbol{X}_{t-1}),(\boldsymbol{U}_t,\boldsymbol{X}_t)\}$为在时间$t$可用的信息集。$\mathcal{M}_\tau$为$Y_t$的$\tau$-期望分位数的模型，记为$\mathcal{M}_\tau\equiv\{e_\tau(\boldsymbol{W}_t,\boldsymbol{\theta})\}$，其中$\boldsymbol{W}_t$为$\mathcal{F}_t$可测随机向量，$\boldsymbol{\theta}$是参数空间$\boldsymbol{\Theta}$中的未知参数，而$e_\tau(\boldsymbol{W}_t,\cdot):\boldsymbol{\Theta}\to\mathcal{R}$是实值函数。由前文可知，给定$\boldsymbol{W}_t=\boldsymbol{w}$，$Y_t$的$\tau$-条件期望分位数可由下式求解：

$$e_\tau(\boldsymbol{w},\boldsymbol{\theta})=\underset{\xi\in\mathcal{R}}{\operatorname{argmin}}E[Q_\tau(Y_t-\xi)\mid \boldsymbol{W}_t=\boldsymbol{w}],$$

其中，$Q_\tau(v)=|\tau-I(v\leqslant 0)|v^2$。本章考虑了关于$e_\tau(\boldsymbol{W}_t,\boldsymbol{\theta})$的一个变系数动态模型框架如下：

$$e_\tau(\boldsymbol{W}_t,\boldsymbol{\theta})\equiv e_{t,\tau}=a_\tau(\boldsymbol{U}_t)e_{t-1,\tau}+\boldsymbol{b}_\tau^{\mathrm{T}}(\boldsymbol{U}_t)\boldsymbol{X}_t, \tag{6.2.1}$$

其中，$e_{t-1,\tau}\equiv e_\tau(\boldsymbol{W}_{t-1},\boldsymbol{\theta})$是$\{Y_t\}_{t=1}^T$在时间$t-1$时的$\tau$-条件期望分位数，$e_{0,\tau}$为某个给定的初始条件，$\boldsymbol{X}_t\in\mathcal{R}^p$是协变量向量，$\boldsymbol{U}_t$是平滑变量组成的向量。在这里，我们允许$\boldsymbol{X}_t$和$\boldsymbol{U}_t$包含$Y_t$的滞后值。另外，$a_\tau(\boldsymbol{U}_t)$代表$e_{t-1,\tau}$的函数系数，$\boldsymbol{b}_\tau(\cdot)=[b_{1,\tau}(\cdot),\cdots,b_{p,\tau}(\cdot)]^{\mathrm{T}}$是$\boldsymbol{X}_t$的函数系数组成的向量。为了简单起见，且不失一般性，本书假设$\boldsymbol{U}_t=U_t$是单变量。同时，当不会引起混淆时，今后我们都将省略$a_\tau(\cdot)$和$\boldsymbol{b}_\tau(\cdot)$中的$\tau$。

公式(6.2.1)中的模型具有一般性，有很多现有的期望分位数模型是本章提出的 VCARE 模型的特例。

[例 6.1]　假设模型不包含自回归变量$e_{t-1,\tau}$，且$\boldsymbol{b}_\tau(U_t)=\boldsymbol{b}_\tau$为常数向量，我们的模型就变成了由 Kuan et al.(2009) 的 CARE 模型，$e_{t,\tau}=\boldsymbol{b}_\tau^{\mathrm{T}}\boldsymbol{X}_t$。

[例 6.2]　在$a_\tau(U_t)=0$的条件下，可以得到 Xie et al. (2014) 提出的变系数期望分位数模型，$e_{t,\tau}=\boldsymbol{b}^{\mathrm{T}}(U_t)\boldsymbol{X}_t$。

与之前的期望分位数模型相比，本书提出的模型框架的主要创新点在于引入了期望分位数的自回归项，因此本书第 5 章提出的 LCARE 模型同样是 VCARE 模型的特例。另外，一类线性 GARCH 模型和 VCARE 模型存在对应关系。

[**例 6.3**] 考虑以下数据生成过程：

$$Y_t = \sigma_t \varepsilon_t,$$

$$\sigma_t = \tilde{a}_\tau(U_t)\sigma_{t-1} + \tilde{\boldsymbol{b}}_\tau^{\mathrm{T}}(U_t)\boldsymbol{X}_t.$$

这是一类线性 GARCH 模型，其中 σ_t 是隐含波动率，$\varepsilon_t \sim N(0,1)$ 是 i.i.d. 变量。通过简单代数运算可知，期望分位数 $e_{t,\tau} = \sigma_t e_\tau^0$，其中 e_τ^0 代表标准正态分布 $N(0,1)$ 的 τ- 期望分位数。将以上方程的第二式两边分别乘以 e_τ^0，可以得到模型(6.2.1)，而其中 $a_\tau(U_t) = \tilde{a}_\tau(U_t)$ 和 $\boldsymbol{b}_\tau(U_t) = e_\tau^0 \tilde{\boldsymbol{b}}_\tau(U_t)$。

为了估计条件分位数模型中的参数，通常情况下，我们会使用经典的 ALS 估计方法，即最小化以下目标函数：

$$\hat{\boldsymbol{\theta}}_\tau^{\mathrm{ALS}} = \underset{\boldsymbol{\theta}}{\operatorname{argmin}} \sum_{t=1}^{T} Q_\tau(Y_t - e_\tau(\boldsymbol{W}_t, \boldsymbol{\theta})),$$

而以上方程满足的一阶条件为

$$\sum_{t=1}^{T} L_\tau(Y_t - e_\tau(\boldsymbol{W}_t, \boldsymbol{\theta})) = 0,$$

其中，$L_\tau(v) = 2|\tau - I(v \leqslant 0)|v$ 是函数 $Q_\tau(v)$ 的导数。如果 $e_\tau(\boldsymbol{W}_t, \boldsymbol{\theta})$ 和 $\boldsymbol{X}_t$ 均可被直接观测，那么 $\hat{\boldsymbol{\theta}}_\tau^{\mathrm{ALS}}$ 可以通过 Yao and Tong(1996) 提出的迭代加权最小二乘估计(iterative weighted least square) 求解。然而，由于 $e_\tau(\boldsymbol{W}_t, \boldsymbol{\theta})$ 不可被直接观测，那么在这里我们使用拟最大似然估计，即最大化以下似然函数：

$$QL_T(\boldsymbol{\theta}) = T^{-1} \sum_{t=1}^{T} ql_t(\boldsymbol{\theta}) \equiv T^{-1} \sum_{t=1}^{T} \{-w_{t,\tau}(\boldsymbol{\theta})(Y_t - e_\tau(\boldsymbol{W}_t, \boldsymbol{\theta}))^2\}.$$

在本章的框架下，以上似然函数的局部线性表达式为

$$QL_T(u_0, \boldsymbol{\theta}) \equiv -T^{-1} \sum_{t=1}^{T} Q_\tau(Y_t - \boldsymbol{\theta}^{\mathrm{T}}(u_0) Z_t - \boldsymbol{\theta}'^{\mathrm{T}}(u_0) Z_t(U_t - u_0)) K\left(\frac{U_t - u_0}{h}\right),$$

其中，$\boldsymbol{\theta}(u_0) = (\boldsymbol{a}(u_0), \boldsymbol{b}^{\mathrm{T}}(u_0))^{\mathrm{T}}$，$\boldsymbol{\theta}'(u_0) = (a'(u_0), \boldsymbol{b}'^{\mathrm{T}}(u_0))^{\mathrm{T}}$ 为 $\boldsymbol{\theta}(u_0)$ 的一阶导数，$\boldsymbol{Z}_t = (e_{t-1}, \boldsymbol{X}_t^{\mathrm{T}})^{\mathrm{T}}$。

6.2.2　渐近性质

在这一小节中，我们的主要任务是导出估计量 $\boldsymbol{\theta}$ 的渐近性质。

1. 标号与模型假设

在进入主题前，我们将首先介绍本章所用到的标号。令 $f_u(\cdot)$ 表示平滑变量 U_t 的边缘密度函数，$f_{y|u,x}(\cdot)$ 和 $F_{y|u,x}(\cdot)$ 分别表示 Y_t 基于 U_t 和$\boldsymbol{X}_t$ 的条件密度函数和条件分布函数。更进一步，我们定义 $\Omega_0(u) = E[\boldsymbol{Z}_t \boldsymbol{Z}_t^{\mathrm{T}} \mid U_t = u]$，

$$\boldsymbol{\Omega}(u) \equiv \begin{pmatrix} \Omega_{ee}(u) & \boldsymbol{\Omega}_{ex}(u) \\ \boldsymbol{\Omega}_{ex}^{\mathrm{T}}(u) & \boldsymbol{\Omega}_{xx}(u) \end{pmatrix},$$

式中，

$$\begin{aligned}
\Omega_{ee}(u) = 2E\{&[\tau(1 - F_{y|u,x}(e_\tau(\boldsymbol{W}_t,\boldsymbol{\theta})))\\
&+ (1-\tau)F_{y|u,x}(e_\tau(\boldsymbol{W}_t,\boldsymbol{\theta}))]e_{t-1}^2 \mid U_t = u\},\\
\boldsymbol{\Omega}_{ex}(u) = 2E\{&[\tau(1 - F_{y|u,x}(e_\tau(\boldsymbol{W}_t,\boldsymbol{\theta})))\\
&+ (1-\tau)F_{y|u,x}(e_\tau(\boldsymbol{W}_t,\boldsymbol{\theta}))]e_{t-1}\boldsymbol{X}_t^{\mathrm{T}} \mid U_t = u),\\
\boldsymbol{\Omega}_{xx}(u) = 2E\{&[\tau(1 - F_{y|u,x}(e_\tau(\boldsymbol{W}_t,\boldsymbol{\theta})))\\
&+ (1-\tau)F_{y|u,x}(e_\tau(\boldsymbol{W}_t,\boldsymbol{\theta}))]\boldsymbol{X}_t\boldsymbol{X}_t^{\mathrm{T}} \mid U_t = u\},
\end{aligned}$$

$$\boldsymbol{\Omega}^*(u) \equiv \begin{pmatrix} \Omega_{ee}^*(u_0) & \boldsymbol{\Omega}_{ex}^*(u_0) \\ \boldsymbol{\Omega}_{ex}^{*\mathrm{T}}(u_0) & \boldsymbol{\Omega}_{xx}^*(u_0) \end{pmatrix},$$

其中，$\Omega_{ee}^*(u) = E[Q_\tau^2(Y_t - e_\tau(\boldsymbol{W}_t,\boldsymbol{\theta}))e_{t-1}^2 \mid U_t = u]$，

$$\boldsymbol{\Omega}_{ex}^*(u) = E[Q_\tau^2(Y_t - e_\tau(\boldsymbol{W}_t,\boldsymbol{\theta}))e_{t-1}\boldsymbol{X}_t^{\mathrm{T}} \mid U_t = u],$$

$$\boldsymbol{\Omega}_{xx}^*(u) = E[Q_\tau^2(Y_t - e_\tau(\boldsymbol{W}_t,\boldsymbol{\theta}))\boldsymbol{X}_t\boldsymbol{X}_t^{\mathrm{T}} \mid U_t = u].$$

另外，对于 $j \geqslant 0$，令 $\mu_j = \int u^j K(u)\mathrm{d}u$ 及 $\nu_j = \int u^j K^2(u)\mathrm{d}u$。

接下来，我们将列出在导出渐近性质的过程中所需要的假设条件。需要说明的是，下文给出的假设是推导相应定理的充分条件，但不保证这些

条件是最弱的。

假设 F:

(1) $\{(Y_t, \boldsymbol{X}_t, \boldsymbol{U}_t)\}_{t=1}^{T}$ 是一个 α-mixing 过程，存在某些 $\delta > 0$，mixing 系数 $\alpha(\cdot)$ 满足：$\sum_{k=1}^{\infty} k^c [\alpha(k)]^{1-2/\delta} < \infty$。

(2) 对于任意 $\boldsymbol{\theta} \in \Theta$，函数 $e_\tau(\boldsymbol{W}_t, \boldsymbol{\theta})$ 在信息集 $\mathcal{F}_t$ 可测。另外，对于 $t = 1, 2, \cdots, T$ 及给定的解释变量 $\{(Y_1, \boldsymbol{U}_1, \boldsymbol{X}_1), \cdots, (Y_{t-1}, \boldsymbol{U}_{t-1}, \boldsymbol{X}_{t-1}), (\boldsymbol{U}_t, \boldsymbol{X}_t)\}$，$e_\tau(\boldsymbol{W}_t, \boldsymbol{\theta})$ 在 $\boldsymbol{\theta}$ 中连续。

(3) $\boldsymbol{a}(u)$ 和 $\boldsymbol{b}(u)$ 是关于 u 的二次连续可微函数。另外，$f_u(u)$ 连续可微，支撑集为 $\{u: 0 < F_u(u) < 1\}$。同时，条件分布函数 $f_{y|u,x}(\cdot)$ 有界且满足 Lipschitz 条件。

(4) 对于所有 $t \geqslant 1$，有 $|f(u, v \mid \boldsymbol{x}_0, \boldsymbol{X}_t)| \leqslant C < \infty$，其中 $f(u, v \mid \boldsymbol{x}_0, \boldsymbol{X}_t)$ 是 (U_0, U_t) 基于 $(\boldsymbol{X}_0, \boldsymbol{X}_t)$ 的条件密度函数。

(5) 核函数 $K(\cdot)$ 有界、非负且对称。另外，它的支撑集是紧致的。

(6) 窗宽 h 满足 $h \to 0$ 及 $Th^2 \to \infty$。同时，存在一个正整数序列 s_T，当 $n \to \infty$ 时，我们有 $s_n \to \infty$，$s_n = o(\sqrt{nh})$ 及 $\sqrt{nh^{-1}}\alpha(s_n) \to 0$。

(7) 对于所有的 t 及 $\boldsymbol{\theta} \in \Theta$，有 $|e_\tau(\boldsymbol{W}_t, \boldsymbol{\theta})| < C(\mathcal{F}_t)$，其中 $C(\mathcal{F}_t)$ 是一个关于信息集 $\mathcal{F}_t$ 中变量的随机函数，且其满足对于常数 $C_0 < \infty$，$E[C(\mathcal{F}_t)] \leqslant C_0$。

(8) 对于某个 $\delta > 0$，我们有 $E\| \boldsymbol{Z}_t \|^{2(\delta+1)} < \infty$。另外，函数 $\boldsymbol{\Omega}_0(u_0)$ 及 $\boldsymbol{\Omega}(u_0)$ 均在 u_0 的邻域内连续，它们的逆矩阵也是一致有界的。

注：现在，我们将讨论以上假设。首先，Xie et al.（2014）中也使用了与假设 F(1) 相同的条件，它保证了我们的模型适用于具有 α-mixing 相依结构的时间序列数据。假设 F(2) 可见于 Engle and Mangeneilli（2004）的假设 C1，即使是在期望分位数框架下，我们仍需保证 $e_\tau(\boldsymbol{W}_t, \boldsymbol{\theta})$ 的可测性和连续性。假设 F(3) ~ (6) 是非参数研究中常用的假设，在第 4 章中我们同样使用了这些假设，这里不一一介绍。假设 F(7) 与 Engle and Mangeneilli（2004）的假设 C4 类似，主要说明了 $e_\tau(\boldsymbol{W}_t, \boldsymbol{\theta})$ 的有界性。假设

F(8) 中的 $E\|\boldsymbol{Z}_t\|^{2(\delta+1)}<\infty$ 非常常见，其保证了 mixing 过程中的极限定理：$\frac{1}{n}\sum_{t=1}^{n}\boldsymbol{Z}_t\boldsymbol{Z}_t^{\mathrm{T}}\to E(\boldsymbol{Z}_t\boldsymbol{Z}_t^{\mathrm{T}})$ 成立。同时，$\boldsymbol{\Omega}_0(u_0)$ 和 $\boldsymbol{\Omega}(u_0)$ 逆矩阵的有界性是模型识别的充分必要条件。

2. 渐近性质

我们将在这里展示变系数 $\boldsymbol{a}(u_0)$ 及 $\boldsymbol{b}(u_0)$ 的渐近性质。为了描述的简单性，我们将所有的技术细节放到章节末尾的附录中。关于证明的主要思想是，在特定条件下我们可以将变系数 $\boldsymbol{a}(u_0)$ 及 $\boldsymbol{b}(u_0)$ 表示为一个线性估计量加上一个高阶项，而这个线性估计量服从一个带有渐近偏误项的正态分布。接下来，我们将介绍这个定理。

定理 6.1　在假设 F 成立的条件下，有：

$$\sqrt{nh}\left(\hat{\boldsymbol{\theta}}(u_0)-\boldsymbol{\theta}(u_0)-\frac{\mu_2h^2}{2\mu_0}\boldsymbol{\theta}''(u_0)\right)\xrightarrow{\mathcal{L}}\mathcal{N}(0,\boldsymbol{\Sigma}_{\boldsymbol{\theta}}(u_0)),$$

其中，$\boldsymbol{\Sigma}_{\boldsymbol{\theta}}(u_0)=\frac{\nu_0}{f_u(u_0)\mu_0^2}\boldsymbol{\Omega}^{-1}(u_0)\,\boldsymbol{\Omega}^{*}(u_0)\,\boldsymbol{\Omega}^{-1}(u_0)$.

由定理 6.1 可知，对于变系数 $\boldsymbol{a}(u_0)$ 和 $\boldsymbol{b}(u_0)$，它们的收敛速度均为 $\sqrt{nh}$。这也是非参数回归中标准的收敛速度。

6.3　蒙特卡洛模拟

在这一节中，我们将用两个模拟实例说明本章提出的模型及相应估计量的有限样本表现。为了衡量估计量的表现，我们将报告它们的 RMSE 的中位数和标准差。对于每个模拟实例，我们将考虑样本量分别为 $n=1000$、2000 及 4000 的情况。同时，对于每个不同样本量，我们选取的概率水平均为 $\tau=0.01$、0.05 及 0.1。对于给定的样本量和概率水平，模拟将重复 500 次。由于生成 Y_t 序列时初始值选取为零，为了消除初始值的影响，我们将去除前 200 个生成的数据。对于窗宽的选择，这里使用了经验法则并根据

$h = 1.26n^{-1/5}$ 选取窗宽。

[模拟实例 6.1]　本例的数据生成过程为

$$Y_t = \sigma_t \varepsilon_t, \qquad t = 1,2,\cdots,n,$$

$$\sigma_t = a_1(U_t)\sigma_{t-1} + b_1^*(U_t) + b_2^*(U_t)Y_{t-1},$$

其中，$\varepsilon_t \sim N(0,1)$，$a_1(U_t) = 0.5 + (0.05 + 0.1U_t)\exp(-3.89U_t^2)$，$b_1^*(U_t) = 0.05 + (0.05 + 0.1U_t)\exp(-3.89U_t^2)$，$b_2^*(U_t) = 0.1 + (0.05 + 0.1U_t)\exp(-3.89U_t^2)$，而 U_t 是由均匀分布 $U(-1,1)$ 随机生成。这个模型是 GARCH 模型的特殊形式，不同的是，这里模型关注的对象是 σ_t 而不是 σ_t^2。调整参数并在以上方程第二式两边乘以标准正态分布 $N(0,1)$ 的 τ-期望分位数 e_τ^0，可得

$$e_{\tau,t} = a_1(U_t)e_{\tau,t-1} + b_1(U_t) + b_2(U_t)Y_{t-1}, \quad t = 1,2,\cdots,n,$$

其中，$b_1(U_t) = e_\tau^0 b_1^*(U_t)$，$b_2(U_t) = e_\tau^0 b_2^*(U_t)$。我们将使用本章第 6.2 节中介绍的估计方法对这两个参数进行估计，得到的估计结果见表 6.1。

表 6.1　蒙特卡洛模拟实例 6.1 的估计结果

n	$\tau = 0.01$			$\tau = 0.05$			$\tau = 0.1$		
	$RMSE_{a_1}$	$RMSE_{b_1}$	$RMSE_{b_2}$	$RMSE_{a_1}$	$RMSE_{b_1}$	$RMSE_{b_2}$	$RMSE_{a_1}$	$RMSE_{b_1}$	$RMSE_{b_2}$
1000	0.2156 (0.1399)	0.0645 (0.0351)	0.1101 (0.0529)	0.2182 (0.1209)	0.0464 (0.0193)	0.0748 (0.0361)	0.2332 (0.1193)	0.0364 (0.0145)	0.0643 (0.0297)
2000	0.1681 (0.1011)	0.053 (0.0254)	0.0879 (0.0424)	0.1775 (0.0987)	0.0377 (0.0164)	0.0534 (0.0284)	0.1943 (0.1046)	0.03 (0.0129)	0.0479 (0.0236)
4000	0.1322 (0.0747)	0.0419 (0.0185)	0.0658 (0.0321)	0.1285 (0.0722)	0.0286 (0.0123)	0.04 (0.0208)	0.1469 (0.0891)	0.0243 (0.0111)	0.0369 (0.0177)

注：表中括号内为标准差。

表 6.1 报告了估计量 $\hat{a}_1(u_0)$、$\hat{b}_1(u_0)$ 和 $\hat{b}_2(u_0)$ 的均方根误差 RMSE（分别记为 RMSE_{a_1}、RMSE_{b_1} 和 RMSE_{b_2}）的中位数及标准差。首先，我们可以观察到所有 RMSE 值的中位数和标准差均随着样本量的增大而减小。举例来说，在概率水平为 $\tau = 0.01$ 条件下，RMSE_{a_1} 在样本量为 $n = 2000$ 时的中位数和标准差分别为 0.1681 和 0.1011，而当样本量加倍时，它们将分别下降到 0.1322 和 0.0747。显然，同样的状况出现在 RMSE_{b_1} 上，当概率水平为 $\tau = 0.05$ 而样本量为 $n = 2000$ 时，RMSE 的中位数为 0.0377，而相应的标准差为 0.0164。在同样概率水平下，当样本量增加至 $n = 4000$ 时，RMSE_{b_1} 的中位数和标准差分别下降到 0.0286 和 0.0123。另外，RMSE_{b_2} 的表现与 RMSE_{b_1} 非常相似。在概率水平为 $\tau = 0.1$ 条件下，RMSE_{b_2} 的在样本量为 $n = 2000$ 时的中位数和标准差分别为 0.0479 和 0.0236，而当样本量加倍时，它们将分别下降到 0.0111 和 0.0177。

6.4　本章小结

我们首先介绍了本章提出的变系数条件自回归期望分位数模型。由于模型的解释变量中期望分位数滞后因子不可观测，因此我们使用 QML 估计方法。在第 6.2 节中，我们还证明了 QMLE 的渐近性质。通过第 6.3 节的蒙特卡洛模拟，以上提出的估计量的有限样本性质得到了验证。对于未来的研究，我们会考虑提出一种检验函数系数是否随某一个变量变化的假设检验。

6.5　附录

6.5.1　标号与定义

在这里，我们将介绍其他在后面证明里需要用到的标号。令 $\boldsymbol{M}_t =$

$(\boldsymbol{Z}_t^{\mathrm{T}},\boldsymbol{Z}_t^{\mathrm{T}}(U_t - u_0))^{\mathrm{T}}$, $\boldsymbol{M}_t^* = (\boldsymbol{Z}_t^{\mathrm{T}},\boldsymbol{Z}_t^{\mathrm{T}}(U_t - u_0)/h)^{\mathrm{T}}$, $\boldsymbol{\alpha}_\tau(u_0) = (\boldsymbol{a}(u_0),\boldsymbol{b}^{\mathrm{T}}(u_0))^{\mathrm{T}}$, $\vartheta_\tau(u_0) = (\boldsymbol{\alpha}_\tau^{\mathrm{T}}(u_0),\boldsymbol{\alpha}'^{\mathrm{T}}_\tau(u_0))^{\mathrm{T}}$, $U_{th} = (U_t - u_0)/h$。另外，在不引起混淆的情况下，从现在开始我们将会把$\boldsymbol{\alpha}_\tau(u_0)$，$\boldsymbol{\alpha}'_\tau(u_0)$ 和 $\vartheta_\tau(u_0)$ 中的 τ 省略。

6.5.2 定理证明

1. 定理 6.1 证明

定义：

$$\hat{\gamma} = \sqrt{nh}\{\hat{a}(u_0) - a(u_0),\hat{b}_1(u_0) - b_1(u_0),\cdots,\hat{b}_p(u_0) - b_p(u_0),$$
$$h(\hat{a}'(u_0) - a'(u_0),\hat{b}'_1(u_0) - b'_1(u_0),\cdots,\hat{b}'_p(u_0) - b'_p(u_0))\}^{\mathrm{T}},$$

则有 $\hat{\vartheta}^{\mathrm{T}}(u_0)\boldsymbol{M}_t = \vartheta^{\mathrm{T}}(u_0)\boldsymbol{M}_t + \hat{\gamma}^{\mathrm{T}}\boldsymbol{M}_t^*/\sqrt{nh}$，而且 $\hat{\gamma}$ 最小化以下方程：

$$\Psi_n(\gamma) \equiv \sum_{t=1}^{n}\left[Q_\tau\left(Y_t^* - \gamma^{\mathrm{T}}\boldsymbol{M}_t^*/\sqrt{nh}\right) - Q_\tau(Y_t^*)\right]K(U_{th}),$$

其中 $Y_t^* = Y_t - \vartheta^{\mathrm{T}}(u_0)\boldsymbol{M}_t$。对 $\Psi_n(\gamma)$ 进行分解可得

$$\Psi_n(\gamma) = E(\Psi_n(\gamma)\mid\boldsymbol{X},U) - \frac{1}{\sqrt{nh}}\gamma^{\mathrm{T}}\sum_{t=1}^{n}\{Q'_\tau(Y_t^*)\boldsymbol{M}_t^*K(U_{th})$$
$$- E(Q'_\tau(Y_t^*\mid\boldsymbol{X}_t,U_t)\boldsymbol{M}_t^*K(U_{th}))\} + R_n^*(\gamma),$$

而接下来我们将使用以下引理推导建立 $\boldsymbol{a}(u_0)$ 和 $\boldsymbol{b}(u_0)$ 的渐近性质。

引理 6.1 假设 F1 ~ F8 成立，当 $n\to\infty$ 时，有：

$$(1)\ n^{-1}\sum_{t=1}^{n}Q''_\tau(Y_t^*)e_{t-1}^2K_h(U_t - u_0)\xrightarrow{\mathcal{P}}f_u(u_0)\Omega_{ee}(u_0);$$

$$(2)\ n^{-1}\sum_{t=1}^{n}Q''_\tau(Y_t^*)\boldsymbol{X}_t\boldsymbol{X}_t^{\mathrm{T}}K_h(U_t - u_0)\xrightarrow{\mathcal{P}}f_u(u_0)\boldsymbol{\Omega}_{xx}(u_0);$$

$$(3)\ n^{-1}\sum_{t=1}^{n}Q''_\tau(Y_t^*)\boldsymbol{Z}_t\boldsymbol{Z}_t^{\mathrm{T}}K_h(U_t - u_0)\xrightarrow{\mathcal{P}}f_u(u_0)\begin{pmatrix}\boldsymbol{\Omega}_{ee}(u_0) & \boldsymbol{\Omega}_{ex}(u_0)\\ \boldsymbol{\Omega}_{ex}^{\mathrm{T}}(u_0) & \boldsymbol{\Omega}_{xx}(u_0)\end{pmatrix};$$

$$(4)\ n^{-1}\sum_{t=1}^{n}Q''_\tau(Y_t^*)\boldsymbol{M}_t^*\boldsymbol{M}_t^{*\mathrm{T}}K_h(U_t - u_0)\xrightarrow{\mathcal{P}}f_u(u_0)\times\mathrm{diag}(\mu_0,\mu_2)$$

$$\otimes\begin{pmatrix}\boldsymbol{\Omega}_{ee}(u_0) & \boldsymbol{\Omega}_{ex}(u_0)\\ \boldsymbol{\Omega}_{ex}^{\mathrm{T}}(u_0) & \boldsymbol{\Omega}_{xx}(u_0)\end{pmatrix}.$$

引理 6.2　在假设 F 的条件下，当 $n\to\infty$ 可得

$$E(\Psi(\gamma)\mid \boldsymbol{X},U)$$
$$=\frac{1}{2}\gamma^{\mathrm{T}}\boldsymbol{D}(u_0)\gamma-\frac{1}{\sqrt{nh}}\gamma^{\mathrm{T}}\sum_{t=1}^{n}E(Q'_{\tau}(Y_t^*)\mid U_t,\boldsymbol{X}_t)K(U_{th})\boldsymbol{M}_t^*+o_p(1).$$

引理 6.3　对于任意 $x,y\in\mathbf{R}$ 及 $\tau\in[0,1]$，有

$$|Q_{\tau}(x+y)-Q_{\tau}(x)-Q'_{\tau}(x)y|\leqslant 4y^2,$$
$$|Q'_{\tau}(x+y)-Q'_{\tau}(x)-Q''_{\tau}(x)y|\leqslant 4|y|.$$

其中，对于 $x\neq 0$ 及 $Q''_{\tau}(0)=0$，$Q'_{\tau}(x)=\mathrm{d}Q_{\tau}(x)/\mathrm{d}x$，$Q''_{\tau}(x)=\mathrm{d}^2Q_{\tau}(x)/\mathrm{d}x^2$。

引理 6.4　令 $R_n(\gamma)\equiv\Psi_n(\gamma)-\frac{1}{2}\gamma^{\mathrm{T}}\boldsymbol{D}(u_0)\gamma+\frac{1}{\sqrt{nh}}\boldsymbol{G}_n^{\mathrm{T}}\gamma$。在假设 F 的条件下，对于任意 $\gamma\in\mathbf{R}^{2(p+1)}$ 及 $\tau\in(0,1)$，当 $n\to\infty$ 时，有 $R_n(\gamma)\xrightarrow{\mathcal{P}}0$。

引理 6.5　在假设 F 的条件下，当 $n\to\infty$ 时，有

$$E(Q'_{\tau}(Y_t^*\mid U_t,\boldsymbol{X}_t)\boldsymbol{M}_t^*K(U_{th}))=\frac{h^3}{2}f_u(u_0)\begin{pmatrix}\boldsymbol{\Omega}(u_0)\alpha''(u_0)\mu_2\\ 0\end{pmatrix},$$

$$E\left(Q'_{\tau}(Y_t^*\mid U_t,\boldsymbol{X}_t)\boldsymbol{M}_t^*K(U_{th})\right)^{\otimes 2}=hf_u(u_0)\begin{pmatrix}\nu_0 & 0\\ 0 & \nu_2\end{pmatrix}\otimes\boldsymbol{\Omega}^*(u_0).$$

引理 6.6　在假设 F 的条件下，当 $n\to\infty$ 时，有

$$\frac{1}{\sqrt{nh}}\left\{\boldsymbol{G}_n-\frac{nh^3}{2}f_u(u_0)\begin{pmatrix}\boldsymbol{\Omega}(u_0)\boldsymbol{\alpha}''(u_0)\mu_2\\ 0\end{pmatrix}+o(nh^3)\right\}\xrightarrow{\mathcal{L}}\mathcal{N}(0,\boldsymbol{\Sigma}(u_0)).$$

定理 6.1 证明：首先，$\Psi(\gamma)+\boldsymbol{G}_n/\sqrt{nh}$ 是关于 γ 的凸函数，而且由引理 6.4 可知，其收敛于凸函数 $\frac{1}{2}\gamma^{\mathrm{T}}\boldsymbol{D}(u_0)\gamma$。根据 Pollard（1991）的凸性定理及引理 6.4，我们可以证明 $\frac{1}{2}\gamma^{\mathrm{T}}\boldsymbol{D}(u_0)\gamma-\boldsymbol{G}_n/\sqrt{nh}$ 的最小值 $\hat{\gamma}$ 依概率收敛于 $\Psi(\gamma)$ 中的 γ。这样，对于 $\gamma\in\mathcal{R}^{2(p+1)}$，$\hat{\gamma}$ 可以被表达为：

$$\hat{\gamma} = \boldsymbol{D}^{-1}(u_0)\boldsymbol{G}_n / \sqrt{nh} + o_p(1),$$

其中，$\mathcal{R}^{2(p+1)}$ 是关于 γ 的紧集。由上可知，

$$\sqrt{nh}H(\hat{\vartheta}(u_0) - \vartheta(u_0)) = \boldsymbol{D}^{-1}(u_0)\boldsymbol{G}_n / \sqrt{nh} + o_p(1),$$

其中，$H = I_{p+1} \otimes \mathrm{diag}(1, h)$ 是选择矩阵。同时，根据引理6.5及引理6.6，定理 6.1 得证。

6.5.3 技术引理证明

引理 6.1 证明：在这里我们只证明引理 6.1(2)(4)。对于引理6.1(1)(3) 的证明，需要说明的是 $e(\boldsymbol{W}_t, \boldsymbol{\theta})$ 是关于 Y_t 的可测函数，这就说明它也是一个 α-mixing 过程。根据这个推论，引理 6.1(1)(3) 的结果可以在本证明基础上稍加改动得到。令 $\boldsymbol{S}(u_0) = n^{-1}\sum_{t=1}^{n} Q''_\tau(Y_t^*)\boldsymbol{X}_t\boldsymbol{X}_t^{\mathrm{T}}K_h(U_t - u_0)$，对于引理 6.1(2) 的证明，我们只需要以下两个条件：

(a) $E(\boldsymbol{S}(u_0)) \to f_u(u_0)\boldsymbol{\Omega}_{xx}(u_0)$，

(b) $nh\mathrm{Var}[(\boldsymbol{S}(u_0))_{l,m}] = O(1)$，其中 $(\boldsymbol{S}(u_0))_{l,m}$ 代表矩阵 $\boldsymbol{S}(u_0)$ 中的 (l,m) 个元素，以及遍历定理(ergodicity property)可得。定义 $e_\tau(u_0, \boldsymbol{W}_t, \boldsymbol{\theta}) = \vartheta^{\mathrm{T}}(u_0)\boldsymbol{M}_t$，根据泰勒展开，对于 $|U_t - u_0| < h$ 中的 U_t，有

$$e_\tau(\boldsymbol{W}_t, \theta) = e_\tau(u_0, \boldsymbol{W}_t, \theta) + \frac{1}{2}\sum_{j=1}^{p} \alpha''_j(u_0)Z_{t,j}(U_t - u_0)^2 + o(h^2)$$

其中，$\alpha''_j(u_0)$ 是 $\boldsymbol{\alpha}''(u_0)$ 的第 j 个元素，$Z_{t,j}$ 是 $\boldsymbol{Z}_t$ 的第 j 个元素。因为

$$\begin{aligned}
& E(Q''_\tau(Y_t^*) \mid U_t, \boldsymbol{X}_t) \\
&= E\{\tau[1 - F_{y|\mathcal{F}_{t-1}}(e_\tau(u_0, \boldsymbol{W}_t, \theta))] + (1-\tau)F_{y|\mathcal{F}_{t-1}}(e_\tau(u_0, \boldsymbol{W}_t, \theta))\} \\
&= E\{\tau[1 - F_{y|\mathcal{F}_{t-1}}(e_\tau(\boldsymbol{W}_t, \theta))] + (1-\tau)F_{y|\mathcal{F}_{t-1}}(e_\tau(\boldsymbol{W}_t, \theta)) \\
&\quad + \frac{2\tau - 1}{2}f_{y|\mathcal{F}_{t-1}}(e_\tau(\boldsymbol{W}_t, \theta))\boldsymbol{Z}_t^{\mathrm{T}}\alpha''(u_0)(U_t - u_0)^2 + o(h^2)\} \\
&= E\{\tau[1 - F_{y|\mathcal{F}_{t-1}}(e_\tau(\boldsymbol{W}_t, \theta))] + (1-\tau)F_{y|\mathcal{F}_{t-1}}(e_\tau(\boldsymbol{W}_t, \theta))\} + o(1),
\end{aligned}$$

及严格平稳假设，可得

$$
\begin{aligned}
E[\boldsymbol{S}(u_0)] &= E[E(Q''_\tau(Y_t^*)\boldsymbol{X}_t\boldsymbol{X}_t^{\mathrm{T}} \mid U_t)K_h(U_t-u_0)] \\
&= E[E\{(\tau\{1-F_{y|\mathcal{F}_{t-1}}(e_\tau(\boldsymbol{W}_t,\theta))\}+(1-\tau) \\
&\quad F_{y|\mathcal{F}_{t-1}}(e_\tau(\boldsymbol{W}_t,\theta)))\boldsymbol{X}_t\boldsymbol{X}_t^{\mathrm{T}} \mid U_t\}K_h(U_t-u_0)] \\
&= E[\boldsymbol{\Omega}_{xx}(U_t)K_h(U_t-u_0)] \\
&= \int \boldsymbol{\Omega}_{xx}(u_0+uh)K(u)f_U(u_0+uh)\mathrm{d}u \\
&= f_U(u_0)\boldsymbol{\Omega}_{xx}(u_0)(1+o(1)),
\end{aligned}
$$

这样(a)得证。现在证明(b)。为了这个目的，定义

$$
\phi_t(u_0)=Q''_\tau(Y_t^*)X_{t,l}X_{t,m}K_h(U_t-u_0),
$$

则有

$$
\begin{aligned}
&\mathrm{Var}[(\boldsymbol{S}(u_0))_{l,m}] \\
&= \frac{1}{n}\left[\mathrm{Var}(\phi_t(u_0)) + 2\sum_{s=1}^{n-1}\left(1-\frac{s}{n}\right)\mathrm{Cov}(\phi_1(u_0),\phi_{s+1}(u_0))\right] \\
&\equiv \mathbb{J}_1+\mathbb{J}_2.
\end{aligned}
$$

对于$\mathbb{J}_1$，有

$$
n\mathbb{J}_1=\mathrm{Var}(\phi_t(u_0))=E(\phi_t^2(u_0))-E^2(\phi_t(u_0))=E(\phi_t^2(u_0))+O(1),
$$

其中，

$$
\begin{aligned}
hE(\phi_t^2(u_0)) &= hE[Q''_\tau(Y_t^*)X_{t,l}^2X_{t,m}^2K_h^2(U_t-u_0))] \\
&\leqslant CE\left[X_{t,l}^2X_{t,m}^2E\left(\frac{1}{h}K^2(U_{th}) \mid \boldsymbol{X}_t\right)\right] \\
&= CE[X_{t,l}^2X_{t,m}^2\int K^2(u)f(u_0+uh \mid \boldsymbol{X}_t)\mathrm{d}u] \\
&\leqslant CE[X_{t,l}^2X_{t,m}^2]=O(1),
\end{aligned}
$$

则有$nh\mathbb{J}_1=hE[\phi_t^2(u_0)]+O(h)=O(1)$。而对于$\mathbb{J}_2$，由于

$$
nh\mathbb{J}_2\leqslant Ch\sum_{s=1}^{n-1}|\mathrm{Cov}(\phi_1(u_0),\phi_{s+1}(u_0))|,
$$

那么只用证明

$$h\sum_{s=1}^{n-1}|\mathrm{Cov}(\phi_1(u_0),\phi_{s+1}(u_0))|=o(1).$$

假定 $d_n\to\infty$ 以及 $d_nh\to 0$，则有

$$\begin{aligned}
&h\sum_{s=1}^{n-1}|\mathrm{Cov}(\phi_1(u_0),\phi_{s+1}(u_0))|\\
&=h\sum_{s=1}^{d_n-1}|\mathrm{Cov}(\phi_1(u_0),\phi_{s+1}(u_0))|+h\sum_{s=d_n}^{n-1}|\mathrm{Cov}(\phi_1(u_0),\phi_{s+1}(u_0))|\\
&\equiv \mathbb{J}_{2a}+\mathbb{J}_{2b},
\end{aligned}$$

其中，对于 $s<d_n$，由假设 F(8)，

$$\begin{aligned}
&|\mathrm{Cov}(\phi_1(u_0),\phi_{s+1}(u_0))|\\
&\leqslant |E[Q''_\tau(Y_1^*)Q''_\tau(Y_{s+1}^*)X_{1,l}X_{1,m}X_{s+1,l}X_{s+1,m}K_h(U_1-u_0)K_h(U_{s+1}-u_0)]|\\
&\quad+O(1)\\
&\leqslant C|E[X_{1,l}X_{1,m}X_{s+1,l}X_{s+1,m}E\{K_h(U_1-u_0)K_h(U_{s+1}-u_0)\mid \boldsymbol{X}_1,\boldsymbol{X}_{s+1}\}]|\\
&\quad+O(1)\\
&\leqslant CE|X_{1,l}X_{1,m}X_{s+1,l}X_{s+1,m}|+O(1)\\
&=O(1).
\end{aligned}$$

因此，$\mathbb{J}_{2a}=O(d_nh)=o(1)$。最后，我们需要证明 $\mathbb{J}_{2b}=o(1)$。根据 Davydov 不等式，

$$|\mathrm{Cov}(\phi_1(u_0),\phi_{s+1}(u_0))|\leqslant C\alpha(s)^{\frac{1-2}{\delta}}(E|\phi_1(u_0)|^\delta)^{\frac{2}{\delta}},$$

其中，

$$\begin{aligned}
E|\phi_1(u_0)|^\delta&=E|(Q''_\tau(Y_1^*))^\delta X_{1,l}^\delta X_{1,m}^\delta K_h^\delta(U_1-u_0)|\\
&\leqslant Ch^{1-\delta}E\left|\frac{1}{h}X_{1,l}^\delta X_{1,m}^\delta K^\delta(U_{1h})\right|\leqslant Ch^{1-\delta}.
\end{aligned}$$

因此，根据假设 F(1) 且选择合适 d_n，使得 $d_n^{-l}h^{\frac{(2-\delta)}{\delta}}=o(1)$，

$$\mathbb{J}_{2b}\leqslant Ch^{(2-\delta)/\delta}\leqslant Ch^{(2-\delta)/\delta}d_n^{-l}\sum_{s=d_n}^{\infty}s^l[\alpha(s)]^{1-2/\delta}=O(d_n^{-l}h^{(2-\delta)/\delta})=o(1).$$

综上所述，(b) 证毕，至此完成了引理 6.1(1) 的证明。

对于引理 6.1(4) 的证明，有

$$E[Q''_\tau(Y_t^*)\boldsymbol{M}_t^*\boldsymbol{M}_t^{*\mathrm{T}}K_h(U_t-u_0)]\equiv\begin{pmatrix}\boldsymbol{S}_0(u_0) & \boldsymbol{S}_1(u_0)\\ \boldsymbol{S}_1(u_0) & \boldsymbol{S}_2(u_0)\end{pmatrix},$$

其中，对于$j=0,1,2$，$\boldsymbol{S}_j(u_0)=Q''_\tau(Y_t^*)\boldsymbol{Z}_t\boldsymbol{Z}_t^{\mathrm{T}}U_{th}^jK_h(U_t-u_0)$。由引理6.1(3)易知，

$$\begin{aligned}E(\boldsymbol{S}_j(u_0))&=E[Q''_\tau(Y_t^*)\boldsymbol{Z}_t\boldsymbol{Z}_t^{\mathrm{T}}U_{th}^jK_h(U_t-u_0)]\\&=f_u(u_0)\mu_j\begin{pmatrix}\boldsymbol{\Omega}_{ee}(u_0) & \boldsymbol{\Omega}_{ex}(u_0)\\ \boldsymbol{\Omega}_{ex}^{\mathrm{T}}(u_0) & \boldsymbol{\Omega}_{xx}(u_0)\end{pmatrix},\end{aligned}$$

这样我们可以根据遍历性得到引理 6.1(4)。引理 6.1 得证。

引理 6.2 ~ 引理 6.6 证明：除了需要考虑$e(\boldsymbol{W}_t,\boldsymbol{\theta})$也是一个$\alpha$-mixing 过程，引理6.2 ~ 引理6.6的证明与第4章中引理4.5 ~ 引理4.6的证明非常相似，在此将其省略。

第7章
结　论

自2008年美国金融危机以后，金融界对有效的风险管理技术及准确的风险度量方法的需求越来越强烈。由于风险的成因随着时间不断变化，因此，度量风险的技术也应该与时俱进。在此背景下，本书通过选取一个同时具有一致性和可导出性的风险测度指标——期望分位数(expectile)作为工具，分别建立了部分变系数条件期望分位数模型、线性条件自回归期望分位数模型(LCARE)和变系数条件自回归期望分位数模型(VCARE)，研究个体尾部风险的测度问题。

在第2章中，我们对于风险测度技术的新近发展进行了梳理和总结。

在第3章中，我们比较了期望分位数和分位数区别和联系，研究了期望分位数作为风险测度指标时的性质，以及其与传统风险测度指标VaR及ES的联系。另外，我们还构建了期望分位数回归和以MSTD模型为基础的组合优化问题的对应关系。最后，本章还提出了一族名为tick-exponential-linear的密度函数，并证明了QMLE具有一致性的必要条件是其使用的似然函数属于tick-exponential-linear族。

在第4章中，我们首先提出了一族部分变系数期望分位数模型，并介绍了用于估计该模型常数系数和变系数的三步法。我们还证明了其中的常数系数和变系数的渐近性质。另外，为了提高估计效率，提出一系列加权平均估计量。接下来，我们介绍了一个检验模型中变系数是否为常系数的检验统计量。通过蒙特卡洛模拟实验，结果进一步确认了期望分位数模型相比分位数模型对极端值更敏感。使用部分变系数期望分位数模型分析S&P500日度收益率数据，我们验证了模型的实用性。结果表明，使用平滑变量及窗宽选择方法得到的部分变系数模型比其他模型的预测效果更好。

在第 5 章中，我们首先提出了一族线性条件自回归期望分位数模型，其主要特点是可以包含期望分位数不同阶数的滞后值。LCARE 模型可以被改写为无限阶 CARE 模型。更重要的是，由于求解期望分位数的目标函数是连续可微的，因此可以使用它来估计线性 GARCH 模型和 CAViaR 模型，这样我们可以同时保证估计的准确性和简洁性。为了估计此模型，本章采用了拟似然估计方法，我们证明了此估计量的一致性和渐近正态性。通过蒙特卡洛模拟实验可知，估计量有良好的有限样本表现。通过使用 LCARE 模型对 S&P500 指数收益率日数据的 VaR 进行样本外预测分析，我们发现该模型在所有概率水平下均表现较好。

在第 6 章中，我们同时考虑了尾部风险的非线性性、非对称性和持续性，提出了一族变系数条件自回归期望分位数模型。这个模型综合了第 4 章和第 5 章模型的特点，许多已知的模型均为它的特例。本章首先提出了求解该模型的局部拟最大似然函数法，并在此基础上验证了局部拟最大似然估计量的渐近性质。通过一个蒙特卡洛模拟，我们验证了此估计量的小样本表现。

对于未来的研究，我们将考虑提出期望分位数条件下的预测检验。另外，不论是最早使用的方差，还是现在仍流行于学界和业界的 VaR 和 ES，包括最近才被广泛讨论的期望分位数，都只是研究金融市场中的单个资产及风险。然而，各个资产间的相互关联和影响在风险管理中也十分重要。2008 年，房地美和房利美的破产对整个金融市场都产生了很强的冲击，最终导致了金融危机的爆发。受金融危机的影响，对金融机构之间风险溢出效应的研究如雨后春笋般涌现。关于金融资产之间尾部相依结构的研究方法有三种，主要包括：

（1）Adrian and Brunnermeier（2016）提出的 CoVaR 方法，它被定义为金融机构 i 遭遇危机（VaR 小于一定水平）时，金融机构 j 或者整个金融市场的 VaR；

（2）基于 CoVaR 方法和随后 Acharya et al.（2012）和 Acharya et al.

(2017) 提出的边际预期损失(marginal expected shortfall), Diebold and Yılmaz (2014)建立了测度金融市场中资产关联性的统一框架，并提出了金融网络的概念。金融网络包含了金融市场中各个机构的角色及互动的数据信息，在系统风险的研究中变得越来越流行；

(3)最后一种研究方法是 copula 方法。而关于金融资产尾部相依结构的时变性的研究目前而言相对较少，接下去我们也将对此问题进行研究。

参考文献

[1] Abdous B, Remillard B. Relating quantiles and expectiles under weighted symmetry[J]. Annals of the Institute of Statistical Mathematics, 1995, 47(2):371-384.

[2] Acharya V V, Engle R, Richardson M. Capital shortfall: A new approach to ranking and regulating systemic risks[J]. American Economic Review, 2012, 102(3):59-64.

[3] Acharya V V, Pedersen L H, Philippon T, Richardson M. Measuring systemic risk[J]. Review of Financial Studies, 2017, 30(1):2-47.

[4] Adrian T, Brunnermeier M K. CoVaR[J]. American Economic Review, 2016, 106(7): 1705-1741.

[5] Artzner P, Delbaen F, Eber J M, Heath D. Coherent measures of risk[J]. Mathematical Finance, 1999, 9(3):203-228.

[6] Basak S, Shapiro A. Value-at-risk-based risk management: Optimal policies and asset prices[J]. Review of Financial Studies, 2001, 14(2):371-405.

[7] Bassett G W, Koenker R, Kordas G. Pessimistic portfolio allocation and Choquet expected utility[J]. Journal of Financial Econometrics, 2004, 2(4):477-492.

[8] Bee M, Dupuis D J, Trapin L. Realized extreme quantile: A joint model for conditional quantiles and measures of volatility with evt refinements[J]. Journal of Applied Econometrics, 2018, 33(3):398-415.

[9] Bellini F, Di Bernardino E. Risk management with expectiles[J]. European

Journal of Finance, 2017, 23(6):487-506.

[10] Bellini F, Klar B, Müller A, Gianin E R. Generalized quantiles as risk measures[J]. Insurance: Mathematics and Economics, 2014, 54:41-48.

[11] Bellini F, Valeria B. On elicitable risk measures[J]. Quantitative Finance, 2015, 5(5):725-733.

[12] Bernardi M, Catania L, Petrella L. Are news important to predict the value-at-risk? [J]. European Journal of Finance, 2017, 23(6):535-572.

[13] Bollerslev T. Generalized autoregressive conditional heteroskedasticity[J]. Journal of Econometrics, 1986, 31(3):307-327.

[14] Butler J, Schachter B. Estimating value-at-risk with a precision measure by combining kernel estimation with historical simulation[J]. Review of Derivatives Research, 1998, 1:371-390.

[15] Cai Z. Regression quantiles for time series[J]. Econometric Theory, 2002, 18(1):169-192.

[16] Cai Z. Two-step likelihood estimation procedure for varying-coefficient models[J]. Journal of Multivariate Analysis, 2002, 82(1):189-209.

[17] Cai Z, Fan J. Average regression surface for dependent data[J]. Journal of Multivariate Analysis, 2000, 75(1):112-142.

[18] Cai Z, Fan J, Yao Q. Functional-coefficient regression models for nonlinear time series[J]. Journal of the American Statistical Association, 2000, 95(451):941-956.

[19] Cai Z, Fang Y, Tian D. Assessing tail risk using expectile regressions with partially varying coefficients[J]. Journal of Management Science and Engineering, 2018, 3(4):183-213.

[20] Cai Z, Fang Y, Tian D. Assessing Tail Risk via A Generalized Conditional Autoregressive Expectile Model[R], 2022: 1-49.

[21] Cai Z, Su J, Sufianti. A regression analysis of expected shortfall[J]. Statistics and Its Interface, 2015, 8(3):295-303.

[22] Cai Z, Wang X. Nonparametric estimation of conditional VaR and expected shortfall[J]. Journal of Econometrics, 2008, 147(1):120-130.

[23] Cai Z, Xiao Z. Semiparametric quantile regression estimation in dynamic models with partially varying coefficients[J]. Journal of Econometrics, 2012, 167(2):413-425.

[24] Cai Z, Xu X. Nonparametric quantile estimations for dynamic smooth coefficient models[J]. Journal of the American Statistical Association, 2008, 103(484):1595-1608.

[25] Campbell S D. A review of backtesting and backtesting procedures[R]. Federal Reserve Finance and Economics Discussion Series, 2005.

[26] Chavez-Demoulin V, Embrechts P, Sardy S. Extreme-quantile tracking for financial time series[J]. Journal of Econometrics, 2014, 181(1):44-52.

[27] Chen S X, Tang C Y. Nonparametric inference of Value-at-Risk for dependent financial returns[J]. Journal of Financial Econometrics, 2005, 3(2):227-255.

[28] Chernozhukov V, Umantsev L. Conditional Value-at-Risk: Aspects of modeling and estimation[J]. Empirical Economics, 2001, 26(1):271-292.

[29] Danielsson J, de Vries C G. Tail index and quantile estimation with very high frequency data[J]. Journal of Empirical Finance, 1997, 4(2):241-257.

[30] Daouia A, Girard S, Stupfler G. Estimation of tail risk based on extreme expectiles[J]. Journal of the Royal Statistical Society: Series B (Statistical Methodology), 2018, 80(2):263-292.

[31] Davis R, Resnick S. Tail estimates motivated by extreme value theory[J]. Annals of Statistics, 1984, 12(4):1467-1487.

[32] De Rossi G, Harvey A. Quantiles, expectiles and splines[J]. Journal of Econometrics, 2009, 152(2):179-185.

[33] Dette H, Spreckelsen I. Some comments on specification tests in nonpara-

metric absolutely regular processes[J]. Journal of Time Series Analysis, 2004, 25(2):159-172.

[34] Diebold F X, Yilmaz K. On the network topology of variance decompositions: Measuring the connectedness of financial firms[J]. Journal of Econometrics, 2014, 182(1):119-134.

[35] Duffie D, Pan J. An overview of value at risk[J]. Journal of Derivatives, 1997, 4(3):7-49.

[36] Efron B. Regression percentiles using asymmetric squared error loss[J]. Statistica Sinica, 1991, 1(1):93-125.

[37] Ehm W, Gneiting T, Jordan A, Krüger F. Of quantiles and expectiles: Consistent scoring functions, Choquet representations and forecast rankings [J]. Journal of the Royal Statistical Society: Series B (Statistical Methodology), 2016, 78(3):505-562.

[38] Embrechts P, Hofert M. Statistics and quantitative risk management for banking and insurance[J]. Annual Review of Statistics and Its Application, 2014, 1:493-514.

[39] Emmer S, Kratz M, Tasche D. What is the best risk measure in practice? A comparison of standard measures[J]. Journal of Risk, 2015, 18(2):31-60.

[40] Engle R F, Manganelli S. CAViaR: Conditional autoregressive value at risk by regression quantiles[J]. Journal of Business & Economic Statistics, 2004, 22(4):367-381.

[41] Fan J, Gijbels I. Local polynomial modelling and its applications: Monographs on statistics and applied probability[M]. New York: Chapman & Hall/CRC Press, 1996.

[42] Fan J, Hu T-C, Truong Y K. Robust non-parametric function estimation [J]. Scandinavian Journal of Statistics, 1994, 21(4):433-446.

[43] Fan J, Yao Q. Efficient estimation of conditional variance functions in sto-

chastic regression[J]. Biometrika, 1998, 85(3):645-660.

[44] Fan J, Yao Q, Tong H. Estimation of conditional densities and sensitivity measures in nonlinear dynamical systems[J]. Biometrika, 1996, 83(1): 189-206.

[45] Fan Y, Härdle W K, Wang W, Zhu L. Single-index-based CoVaR with very high-dimensional covariates[J]. Journal of Business & Economic Statistics, 2017, 36(2):212-226.

[46] Fishburn P C. Mean-risk analysis with risk associated with below-target returns[J]. American Economic Review, 1977, 67(2):116-126.

[47] Gerlach R, Chen C W. Bayesian expected shortfall forecasting incorporating the intraday range[J]. Journal of Financial Econometrics, 2014, 14(1):128-158.

[48] Gerlach R, Walpole D, Wang C. Semi-parametric bayesian tail risk forecasting incorporating realized measures of volatility [J]. Quantitative Finance, 2017, 17(2):199-215.

[49] Gneiting T. Making and evaluating point forecasts[J]. Journal of the American Statistical Association, 2011, 106(494):746-762.

[50] Gourieroux C, Laurent J-P, Scaillet O. Sensitivity analysis of values at risk [J]. Journal of Empirical Finance, 2000, 7(3):225-245.

[51] Hall P, Heyde C C. Martingale Limit Theory and Its Application[M]. New York: Academic Press, 1980.

[52] Hall P, Wolff R C, Yao Q. Methods for estimating a conditional distribution function[J]. Journal of the American Statistical Association, 1999, 94(445):154-163.

[53] Härdle W K, Wang W, Yu L. TENET: Tail-event driven network risk[J]. Journal of Econometrics, 2016, 192(2):499-513.

[54] Hautsch N, Schaumburg J, Schienle M. Financial network systemic risk contributions[J]. Review of Finance, 2014, 19(2):685-738.

[55] Holthausen D M. A risk-return model with risk and return measured as deviations from a target return[J]. American Economic Review, 1981, 71(1):182-188.

[56] Honda T. Nonparametric estimation of a conditional quantile for α-mixing processes[J]. Annals of the Institute of Statistical Mathematics, 2000, 52(3):459-470.

[57] Honda T. Quantile regression in varying coefficient models[J]. Journal of Statistical Planning and Inference, 2004, 121(1):113-125.

[58] Huber P J. The behavior of maximum likelihood estimates under nonstandard conditions[M]. In: Proceedings of the fifth Berkeley symposium on mathematical statistics and probability, Volume 1, University of California Press, 1967: 221-233..

[59] Hull J C, White A D. Value at risk when daily changes in market variables are not normally distributed[J]. Journal of Derivatives, 1988, 5(3):9-19.

[60] Ibragimov I, Linnik I V. Independent and Stationary Sequences of Random Variables[M]. Groningen: Wolters-Noordhoff, 1971.

[61] Jondeau E, Poon S-H, Rockinger M. Financial modeling under non-Gaussian distributions[M]. Berlin: Spring-Verlag, 2007.

[62]Jones M C. Expectiles and M-quantiles are quantiles[J]. Statistics & Probability Letters, 1994, 20(2):149-153.

[63] Jorion P. Value at risk: A new benchmark for measuring derivatives risk [M]. New York: Irwin Professional Publishers, 1997.

[64] Kai B, Li R, Zou H. Local composite quantile regression smoothing: An efficient and safe alternative to local polynomial regression[J]. Journal of the Royal Statistical Society: Series B (Statistical Methodology), 2010, 72(1):49-69.

[65] Kai B, Li R, Zou H. New efficient estimation and variable selection methods for semiparametric varying-coefficient partially linear models [J].

Annals of Statistics, 2011, 39(1):305-332.

[66] Kang T, Brorsen B W, Adam B D. A new efficiency criterion: The mean separated target deviations risk model[J]. Journal of Economics and Business, 1996, 48(1):47-66.

[67] Kim M, Lee, S. Nonlinear expectile regression with application to value-at-risk and expected shortfall estimation[J]. Computational Statistics & Data Analysis, 2016, 94:1-19.

[68] Kim M-O. Quantile regression with varying coefficients[J]. Annals of Statistics, 2007, 35(1):92-108.

[69] Koenker R. Quantile regression[M]. New York: Cambridge University Press, 2005.

[70] Koenker R, Bassett Jr G. Regression quantiles[J]. Econometrica, 1978, 46(1):33-50.

[71] Koenker R, Zhao Q. Conditional quantile estimation and inference for ARCH models[J]. Econometric Theory, 1996, 12(5):793-813.

[72] Komunjer I. Quasi-maximum likelihood estimation for conditional quantiles [J]. Journal of Econometrics, 2005, 128(1):137-164.

[73] Kong E, Xia Y. A single-index quantile regression model and its estimation [J]. Econometric Theory, 2012, 28(4):730-768.

[74] Kuan C-M, Yeh J-H, Hsu Y-C. Assessing value at risk with CARE, the conditional autoregressive expectile models[J]. Journal of Econometrics, 2009, 150(2):261-270.

[75] Kuester K, Mittnik S, Paolella M S. Value-at-Risk prediction: A comparison of alternative strategies[J]. Journal of Financial Econometrics, 2006, 4(1):53-89.

[76] Lambert N S, Pennock D M, Shoham Y. Eliciting properties of probability distributions[C]. In: Proceedings of the 9th ACM Conference on Electronic Commerce, 2008:129-138.

[77] Lee J. U-statistics: Theory and Practice[M]. New York: Marcel Dekker, 1990.

[78] Li Q, Racine J S. Nonparametric econometrics: Theory and practice[M]. Princeton: Princeton University Press, 2007.

[79] Maguluri G, Zhang C-H. Estimation in the mean residual life regression model[J]. Journal of the Royal Statistical Society: Series B (Methodological), 1994, 56(3):477-489.

[80] Markowitz H. Portfolio selection[J]. Journal of Finance, 1952, 7(1):77-91.

[81] Martins-Filho C, Yao F, Torero M. Nonparametric estimation of conditional Value-at-Risk and expected shortfall based on extreme value theory[J]. Econometric Theory, 2018, 34(1):23-67.

[82] McNeil A J. Estimating the tails of loss severity distributions using extreme value theory[J]. ASTIN Bulletin, 1997, 27(1):117-137.

[83] McNeil A J, Frey R. Estimation of tail-related risk measures for heteroscedastic financial time series: an extreme value approach[J]. Journal of Empirical Finance, 2000, 7(3):271-300.

[84] Morgan J P. Value at risk[R]. RiskMetrics Technical Document, New York, 1996.

[85] Newey W K, McFadden D. Large sample Estimation and Hypothesis Testing[M]. Handbook of Econometrics, 1994, 4:2111-2245.

[86] Newey W K, Powell J L. Asymmetric least squares estimation and testing[J]. Econometrica, 1987, 55(4):819-847.

[87] Nikoloulopoulos A K, Joe H, Li H. Vine copulas with asymmetric tail dependence and applications to financial return data[J]. Computational Statistics & Data Analysis, 2012, 56(11):3659-3673.

[88] Oakes D, Dasu T. Inference for the Proportional Mean Residual Life Model[M]. Lecture Notes-Monograph Series, 2003, 43:105-116.

[89] Osband K. Providing incentives for better cost forecasting[D]. PhD thesis, University of California, Berkeley, 1985.

[90] Pickands J. Statistical inference using extreme order statistics[J]. Annals of Statistics, 1975, 3(1):119-131.

[91] Pollard D. Asymptotics for least absolute deviation regression estimators [J]. Econometric Theory, 1991, 7(2):186-199.

[92] Robinson P M. Root-N-consistent semiparametric regression[J]. Econometrica, 1988, 56(4):931-954.

[93] Rocco M. Extreme value theory in finance: a survey[J]. Journal of Economic Surveys, 2014, 28(1):82-108.

[94] Schmidt R, Stadtmüller U. Non-parametric estimation of tail dependence [J]. Scandinavian Journal of Statistics, 2006, 33(2):307-335.

[95] Shao Q-M, Yu H. Weak convergence for weighted empirical processes of dependent sequences[J]. Annals of Probability, 1996, 24(4):2098-2127.

[96] Siburg K F, Stoimenov P, Weiß G N. Forecasting portfolio-Value-at-Risk with nonparametric lower tail dependence estimates[J]. Journal of Banking & Finance, 2015, 54:129-140.

[97] Smith R L. Estimating tails of probability distributions[J]. Annals of Statistics, 1987, 15(3):1174-1207.

[98] Speckman P. Kernel smoothing partial linear models[J]. Journal of Royal Statistical Society: Series B (Statistical Methodology), 1988, 50(3):413-426.

[99] Taylor J W. A quantile regression approach to estimating the distribution of multiperiod returns[J]. Journal of Derivatives, 1999, 7(1):64-78.

[100] Taylor J W. Estimating value at risk and expected shortfall using expectiles[J]. Journal of Financial Econometrics, 2008, 6(2):231-252.

[101] Taylor S J. Modelling Financial Time Series[M]. New York: Wiley, 1986.

[102] Tian D, Cai Z, Fang Y. Recent developments in econometric modeling of

risk measures [J]. Applied Math-A Journal of Chinese Universities, 2019, 34(2):205-228.

[103] Volkonskii V, Rozanov Y A. Some limit theorems for random functions [J]. Theory of Probability & Its Applications, 1959, 4(2):178-197.

[104] Wang C-S, Zhao Z. Conditional Value-at-Risk: Semiparametric estimation and inference[J]. Journal of Econometrics, 2016, 195(1):86-103.

[105] Weiss A A. Estimating nonlinear dynamic models using least absolute error estimation[J]. Econometric Theory, 1991, 7(1):46-68.

[106] White H. Asymptotic Theory for Econometricians[M]. New York: Academic Press, 2001.

[107] White H L, Kim T-H, Manganelli S. Modeling autoregressive conditional skewness and kurtosis with multi-quantile CAViaR[R]. Technical Report, 2008.

[108] White H L, Kim T H, Manganelli S. VAR for VaR: Measuring tail dependence using multivariate regression quantiles[J]. Journal of Econometrics, 2015, 187(1):169-188.

[109] Wooldridge J M. Estimation and Inference for Dependent Processes[M]. Handbook of Econometrics, 1994, 4:2639-2738.

[110] Wu T Z, Yu K, Yu Y. Single-index quantile regression[J]. Journal of Multivariate Analysis, 2010, 101(7):1607-1621.

[111] Wu W B, Yu K, Mitra G. Kernel conditional quantile estimation for stationary processes with application to conditional Value-at-Risk[J]. Journal of Financial Econometrics, 2008, 6(2):253-270.

[112] Wuertz D, Setz T, Chalabi Y, Boudt C, Chausse P, Miklovac M. fGarch: Rmetrics - Autoregressive Conditional Heteroskedastic Modelling [R]. R Package Version 3042,83, 2017.

[113] Xiao Z, Koenker R. Conditional quantile estimation for generalized autoregressive conditional heteroscedasticity models[J]. Journal of the American

Statistical Association, 2009, 104(488):1696-1712.

[114] Xie S, Zhou Y, Wan A T. A varying-coefficient expectile model for estimating value at risk [J]. Journal of Business & Economic Statistics, 2014, 32(4):576-592.

[115] Xu X, Mihoci A, Härdle W K. lcare-localizing conditional autoregressive expectiles[J]. Journal of Empirical Finance, 2018, 48:198-220.

[116] Yao Q, Tong H. Asymmetric least squares regression estimation: A nonparametric approach[J]. Journal of Nonparametric Statistics, 1996, 6(2-3):273-292.

[117] Yu K, Jones M. A comparison of local constant and local linear regression quantile estimators[J]. Computational Statistics & Data Analysis, 1997, 25(2):159-166.

[118] Yu K, Jones M. Local linear quantile regression[J]. Journal of the American Statistical Association, 1998, 93(441):228-237.

[119] Zhang F, Li, Q. A continuous threshold expectile model[J]. Computational Statistics & Data Analysis, 2017, 116:49-66.

[120] Ziegel J F. Coherence and elicitability[J]. Mathematical Finance, 2016, 26(4):901-918.

[121] Zou H, Yuan M. Composite quantile regression and the oracle model selection theory[J]. Annals of Statistics, 2008, 36(3):1108-1126.

[122] 胡宗义,李毅,万闯,唐建阳.基于半参数 CARE 模型的金融市场 VaR 度量[J]. 统计与信息论坛, 2019, 33(4): 19-24.

[123] 刘晓倩,周勇. 自回归模型的加权复合 Expectile 回归估计及其应用[J]. 系统工程理论与实践, 2016, 36(5): 3-12.

[124] 苏辛,周勇. 条件自回归 expectile 模型及其在基金业绩评价中的应用[J]. 中国管理科学, 2013, 21(6): 22-29.

[125] 谢尚宇, 姚宏伟, 周勇. 基于 ARCH-Expectile 方法的 VaR 和 ES 尾部风险测量[J]. 中国管理科学, 2014, 22(9):1-9.

后　记

笔者在厦门大学王亚南经济研究院攻读博士期间，师门会定期举行学术讨论班。在讨论班上，每位同门将汇报最新研读的论文，或者报告自己的研究进展，然后导师组蔡宗武教授、方颖教授和林明教授会根据汇报内容提出问题，并指导未来的研究方向。这一段经历不仅为我打下了坚实的理论基础，还逐步带领我走上金融计量经济学理论与方法的研究之路。本书的主要思想和内容就是在参加博士讨论班时产生的。在本书即将出版之际，向我的博士导师组成员蔡宗武教授、方颖教授和林明教授表示最衷心的感谢。三位导师在研究和职业生涯的发展上都给予我极大的帮助。他们是引路人，更是我为人处世的楷模。

本书受到中南财经政法大学青年文库资助出版专著项目基金（31512241203）、国家自然科学基金青年项目“外部冲击下动态金融风险传染网络的建模与应用：基于非参数和尾部相依结构度量方法”（72103207）的资助，在此一并表示感谢。

田丁石

2023年2月20日

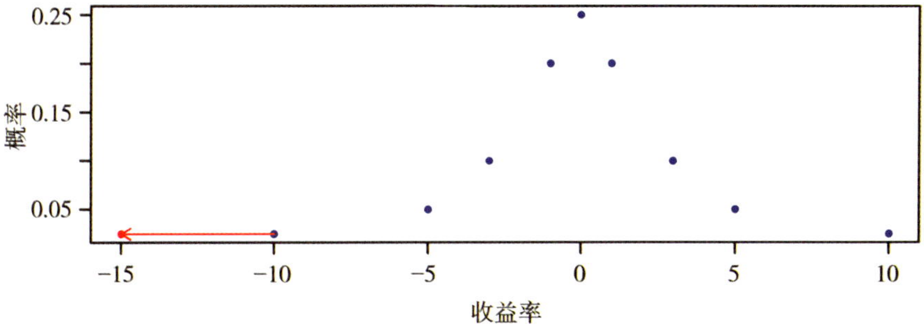

图 1　金融资产 A 和 B 收益的概率分布图

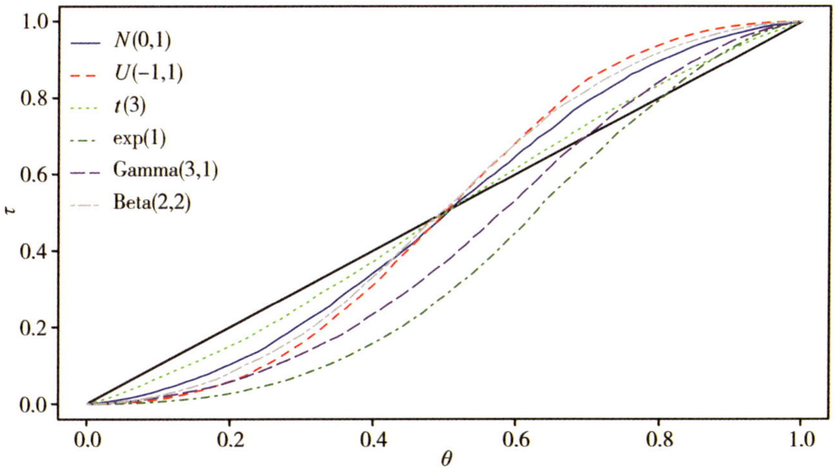

图 2　不同分布下 θ 对应的 τ 值

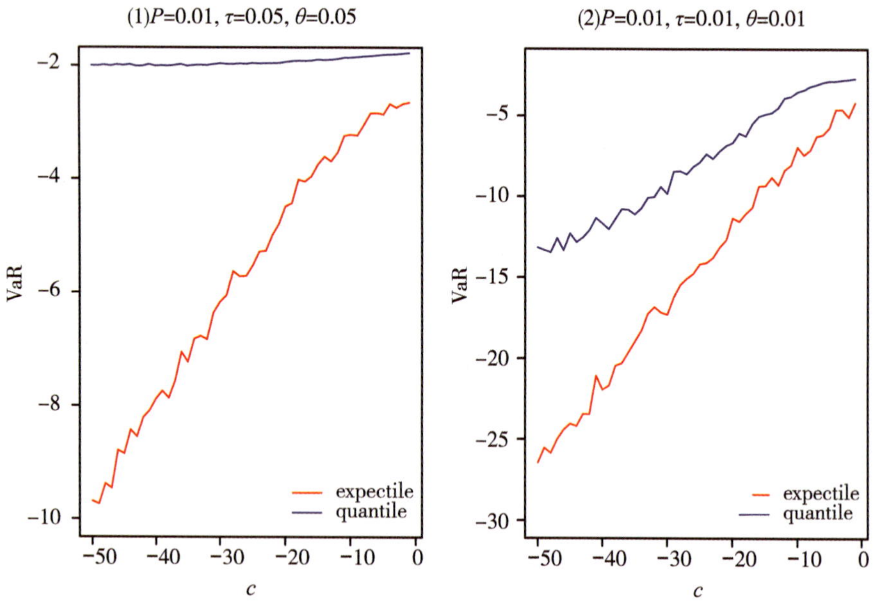

图 3　模拟实例 1 中极端值敏感程度测试结果

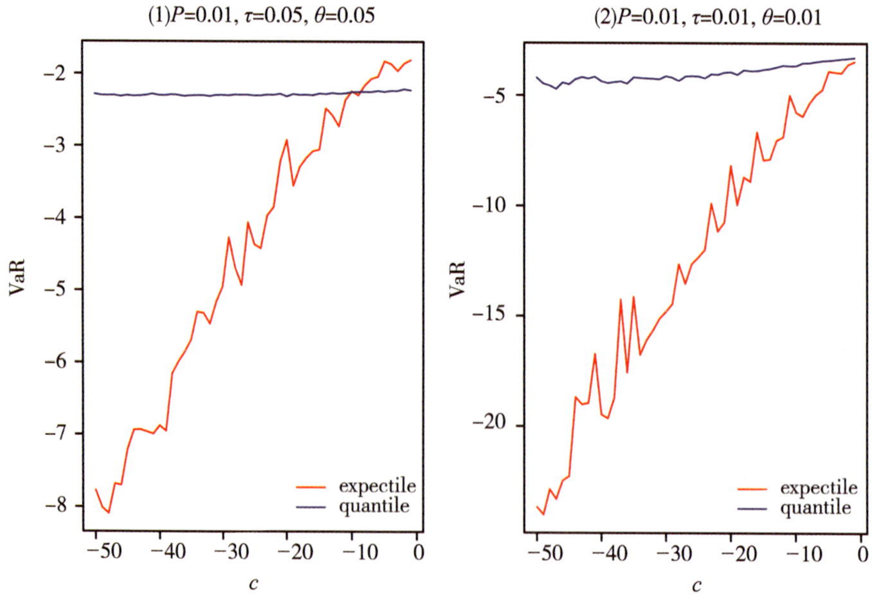

图 4　模拟实例 2 中极端值敏感程度测试结果

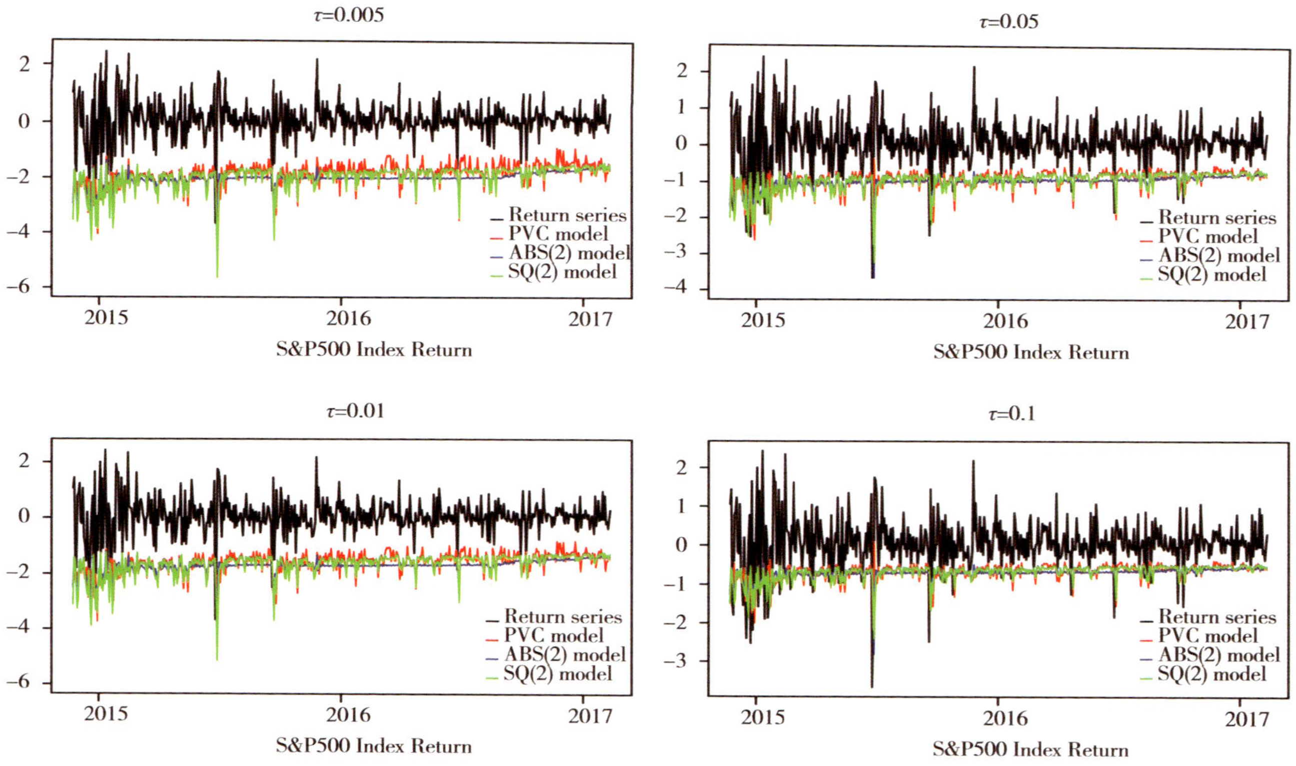

图5　四种概率水平下以上模型的期望分位数预测值